La invasión de Polonia
Inicio de la Segunda Guerra Mundial

La invasión de Polonia
Inicio de la Segunda Guerra Mundial

COORDINACIÓN
MANU P. VILLATORO

Pinolia

Primera edición: Febrero 2022

www.editorialpinolia.es
info@editorialpinolia.es

Diseño y maquetación: Samuel Paniagua

Diseño Cubierta: Samuel Paniagua

Depósito Legal: M-28608-2021
ISBN: 978-84-18965-10-4

Impresión y Encuadernación: QP Quality Print Gestion y Produccion Grafica, S.L.

Printed in Spain. - Impreso en España

La páginas interiores de esta publicación están impresas en papel garantizado por certificaciones y declaraciones que avalan que en su proceso de fabricación se han seguido criterios que contemplan un análisis del uso y consumo de los recursos naturales, reduciendo la deforestación.

SHUTTERSTOCK

«Mis queridos amigos, por sergunda vez en nuestra historia, un primer ministro británico ha regresado de Alemania trayendo paz con honor [...}. Volved a casa y disfrutad de un buen y apacible sueño»
NEVILLE CHAMBERLAIN
30 DE SEPTIEMBRE DE 1938.

La historia de la Segunda Guerra Mundial ha sido escrita miles de veces, y aun así no deja de sorprendernos la cantidad de tópicos que sobreviven a pesar de todo y se siguen transmitiendo. Uno de los episodios más «revisitados» de la contienda mundial ha sido, sin lugar a dudas, su gestación: la invasión de Polonia.

Este libro lucha contra esos tópicos y lugares comunes tan frecuentados en la historia; pretende que se conozca, a través de los hechos únicamente, cómo fueron esos primeros momentos y las consecuencias que arrastraron.

Escrito de forma polifónica por varios expertos en la materia, busca que la indagación en las diferentes cuestiones planteadas al respecto no se atenga a una mirada monolítica y estática, no se adscriba a un único relato histórico, sino todo lo contrario: son los diferentes puntos de vista, incluso con sus contradicciones y disensos entre sí, los que mejor nos pueden acercar a los hechos, los que nos posibilitan una comprensión auténtica y certera del pasado desde la actualidad más inmediata.

Puede decirse que, tras el Acuerdo de Múnich, con el que se sancionaban los beneficios territoriales alemanes con la anuencia del Reino

Unido y Francia, en el programa orquestado por el Führer para hacerse con toda Europa, el siguiente gran objetivo era Polonia. ¿El motivo? Entre otras cuestiones, el pequeño país poseía un territorio arrebatado a Alemania después de la Primera Guerra Mundial.

Las blandas posturas de Reino Unido y Francia le llevaron a pensar que podía conseguir más dominios, entre los que se encontraba el corredor de Danzig. Aunque tenía una población mayoritariamente alemana, Danzig poseía el estatus de ciudad libre y estaba comunicada con Polonia a través del susodicho corredor, con lo que esta se garantizaba el acceso al mar. Con la obsesión de Hitler por este territorio comenzó la Segunda Guerra Mundial. Se trata de dar a la Gran Alemania el territorio (un cuerpo físico y geográfico; *Lebensraum)* que precisaba como espacio vital para desarrollarse.

Así, en septiembre de 1939, el mundo contempló atónito cómo el renovado y joven ejército alemán, renacido de sus cenizas tras la Gran Guerra, aplastaba al ejército polaco, anclado en el siglo XIX en cuestiones como el uso de la caballería, con una rapidez inusitada hasta entonces. Y es, precisamente, la imagen de Polonia como víctima propiciatoria de las ansias de expansión nazi en Europa lo que ha oscurecido, sino silenciado durante muchos años, las «otras» invasiones que sufrió el país de Curie: la más evidente, la soviética, porque poco después (apenas dos semanas), Stalin invadió también el país a traición, y la eslovaca, que atacó a Polonia al mismo tiempo que Alemania. Curiosamente, Francia y Gran Bretaña solo declararon la guerra a Alemania.

Partiendo de la crónica de una invasión anunciada (Polonia fue un país siempre ansiado), en esta obra se descubre el disfraz diplomático de Hitler, las falsedades para justificar una guerra, el operativo del *Fall Weiss*, las diferencias entre el ejército de Ponzan y la *Wehrmacht,* la lucha por Dazing, la batalla de Bzura y la contraofensiva polaca, la invasión stalinista y la hasta hace poco negada masacre de Katyn, además de la visión que el Séptimo Arte nos ha legado sobre aquellos sucesos y muchas otras cuestiones.

Un libro, sin lugar a dudas, necesario pues narra la intrahistoria de la historia, las batallas, intereses y guerras que esconde la Segunda Guerra Mundial.

Carmen Sabalete

Historiadora del arte y periodista

ÍNDICE

ALBUM

Aviación

Los principales aviones que se utilizaron fueron los Messerschmitt Bf 109E-1 y los Junkers Ju 87B-1 (Stuka) y por primera vez se pudo ver la eficacia de los bombardeos en picado de este avión.

1

1 de septiembre de 1939 04.45 am

Comienza la operación Fall Weiss. Los tanques alemanes atraviesan la frontera polaca apoyados por los bombarderos Stuka. Antes de comenzar la invasión, Alemania firmó en agosto un "tratado de no agresión" con la Unión Soviética, además de repartirse más tarde Polonia entre las dos potencias.

El acorazado alemán Schleswig-Holstein bombardea Danzig

2

Hubo casos en los que el
polaco sí aguantó en p
fortificaciones y p
batallas, pero tuvi
retirarse y capitular al p
días. Este ejército estaba
en su mayoría y a
caballería en algunas

3

3 de septiembre

Chamberlain (el primer ministro británico) y Daladier (presidente francés) anuncian el ataque y proclaman que están en guerra con Alemania.

La invasión se desarrolló según los planes alemanes, ya que contaban con mayor número de aviones y de mejor calidad, también más movilidad con las divisiones panzer. Esto permitió a la Wehrmacht capturar y destruir en poco tiempo al ejército polaco.

Guerra relámpago *(Blitzkrieg)*

Para conseguir una rotura del frente, la infantería y con menor frecuencia las propias fuerzas blindadas atacarían la línea defensiva del enemigo, apoyadas por fuego de artillería y bombardeos para crear una brecha en la línea enemiga por la que pasaría la totalidad de las fuerzas mecanizadas. La fuerza atacante abre los flancos para aumentar la seguridad con la distancia.

4 17 de septiembre

El Ejército Rojo hizo su incursión por la zona de Kresy, al este de Polonia, con siete ejércitos de campaña y entre 450.000 y 1.000.000 de soldados, según lo acordado en el pacto Mólotov-Ribbentrop de agosto de 1938.

5 6 de oct. de 1939

Polonia cae bajo la presión de Alemania y Rusia cuando la última resistencia es aplastada en Hel y Lock.

FUERZAS EN COMBATE

ALEMANIA	
Soldados	1.500.000
Tanques	2.750
Aviones	2.315
URSS	
Soldados	800.000
Tanques	4.736
Aviones	3.300
POLONIA	
Soldados	950.000
Tanques	880
Aviones	400

PRISIONEROS POLACOS

ALEMANIA	URSS
587.000	475.000

BAJAS MILITARES

Polacos	66.000
Alemanes	16.340
Soviéticos	1.475

BAJAS CIVILES

Polacos	150.000

GETTY

Crónica de una invasión anunciada

FRANCISCO URÍA
ABOGADO DEL ESTADO EXCEDENTE

SHUTTERSTOCK / GETTY

El 1 de septiembre de 1939 comenzó la invasión alemana de Polonia y, junto con ella, la Segunda Guerra Mundial. La invasión y ocupación alemana, a la que pocos días después seguiría la invasión y ocupación soviética –de acuerdo con los protocolos secretos contenidos en el Pacto Ribbentrop-Mólotov, así conocido por los nombres de los ministros de Asuntos Exteriores de ambos países al tiempo de la firma–, fue un acontecimiento terrible que costó millones de vidas y que nació de una combinación de circunstancias que fueron mucho más allá de lo puramente militar.

La elección de Polonia no fue casual. Existieron, como vamos a ver, varias circunstancias que hicieron que el ataque alemán fuese prácticamente inevitable y que explican las características de la ocupación alemana.

Aunque muchas de esas causas tuvieron que ver con el contexto histórico de 1939 y con la ideología nacionalsocialista, obsesionada con la expansión alemana hacia el este, es relevante afirmar que el fundamento intelectual de muchas de las ideas que justificaron la invasión y lo que la siguió se encontró en ideas muy anteriores en el tiempo, incluso previas a la Primera Guerra Mundial.

No cabe duda de que la Europa que surgió de la Gran Guerra y el modo en que nació la nueva Polonia tuvieron mucho que ver con lo que sucedió, pero no es menos cierto que la filosofía ultranacionalista alemana, que se había desarrollado prácticamente desde la unificación del país en el siglo XIX y su transformación en gran potencia europea, había puesto ya las bases intelectuales para lo que iba a ocurrir. Es importante no olvidarlo, porque las ideas abren camino a las bayonetas, y no al contrario.

ASC

Mólotov (sentado) a punto de firmar el Tratado de no Agresión entre Alemania y la URSS. Tras él, Von Ribbentrop (con los ojos entrecerrados) y Stalin.

El ya mencionado Pacto Ribbentrop-Mólotov fue uno de los elementos centrales de esta historia. Firmado algunas semanas antes de la invasión alemana de Polonia, fue presentado como un mero pacto de no agresión, pero contenía protocolos secretos relacionados con distintos Estados europeos, entre ellos Polonia, cuyo territorio iba a repartirse entre ambos Estados firmantes.

Este pacto, cuyo sentido histórico pretende ahora reinterpretarse –existe al respecto un fuerte debate entre los gobiernos de Rusia y Polonia–, significó que Alemania podía invadir Polonia con la doble garantía de que no se enfrentaría al gigante (con pies de barro) ruso y de que la pactada invasión soviética posterior, aunque menos efectiva de lo supuesto en términos bélicos (el desastre militar soviético alentó, seguramente, los planes para una invasión germana del territorio ruso), haría imposible la resistencia polaca, asegurando su victoria.

Polonia era consciente del riesgo inminente de una invasión alemana (gracias a que sus servicios de espionaje habían conseguido descifrar las primeras versiones de la máquina Enigma), así como de su abrumadora superioridad militar, tras el esfuerzo de rearme realizado durante años sin oposición de los Estados que debieran haber tutelado lo dispuesto en el Tratado de Versalles. Por ello, tan importante como sus preparativos militares (insuficientes) para la defensa fue su acción diplomática, tendente a garantizarse la ayuda de Francia y de Gran Bretaña en caso de ser atacada.

Ese apoyo fue real desde el comienzo. De hecho, Londres llegó a firmar un tratado de ayuda con Polonia pocos días antes de la invasión alemana –que probablemente retrasó algo esta, al hacer dudar a Hitler (no por mucho tiempo) sobre si debía o no realizar la invasión en ese momento– y la asistencia militar francesa llegó a ser muy relevante. No obstante, ninguno de los dos países estaba en disposición no ya de desplegar efectivos militares en Polonia, lo que seguramente hubiera sido imposible, sino de realizar una acción militar mínimamente decidida en la frontera occidental alemana –más allá de la limitada acción francesa en esa zona– que pusiera a los generales alemanes ante la tesitura de tener que dividir sus fuerzas.

Seguramente, después de años de una desastrosa política de «apaciguamiento» de las democracias occidentales, que había permitido a Alemania intervenir abiertamente, y sin oposición, en la Guerra Civil española, anexionarse Austria y ocupar primero los Sudetes y finalmente toda Checoslovaquia, Hitler pensó que el apoyo franco-británico a Polonia no sería efectivo.

En eso tuvo razón: desde una perspectiva puramente militar, Polonia estuvo sola. Sin embargo, cometió un grave error de juicio desde un punto de vista político. Tanto Francia como Gran Bretaña honraron sus promesas (y sus tratados) y declararon la guerra a Alemania poco después de la invasión de Polonia. Lo quisiera o no, esta inició la Segunda Guerra Mundial.

Habitualmente traducido al castellano como «espacio vital», el término *Lebensraum* fue utilizado por primera vez en el año 1859 por un biólogo alemán llamado Oscar Peschel, a propósito de la publicación de los trabajos de Charles Darwin. En 1897 puede encontrarse, ya de forma más precisa, en la obra de Fiedrich Ratzel, fundador de la antropogeografía, para culminar en la publicación de un ensayo titulado *Lebensraum* en 1901, mucho antes del estallido de la Primera Guerra Mundial.

A partir de esas primeras obras, el concepto fue pasando de unos autores y pensadores alemanes a otros con el sentido de que determinadas sociedades –o pueblos– requerían crecer, expandirse, para dar respuesta a sus necesidades demográficas (superpoblación) o económicas (falta de recursos naturales).Estas ideas se incorporaron al fundamento ideológico del imperialismo y nacionalismo alemán previo a la Primera Guerra Mundial. En este sentido, fue particularmente influyente la obra del general Friedrich von Bernhardi, que ya expresó la idea de que Alemania debía expandirse hacia la Europa del este como una «necesidad biológica».

Así, mucho antes de que los nazis aparecieran en escena, estas obras ponen ya de manifiesto la existencia de un «derecho» o incluso un «destino» alemán a la hora de realizar esa expansión, derivado de una superioridad que ya inequívocamente tiene un origen «racial». El desprecio a los eslavos, considerados abiertamente como «razas inferiores», está ya en el pensamiento oficial alemán mucho antes de que Hitler y los nazis se apoderasen de esa tradición ideológica.

El fundamento racista que subyacía en estas ideas estaba ya muy presente en los planes militares alemanes durante la Primera Guerra Mundial, en los que se contemplaba una fuerte expansión territorial al este, y buena parte de lo que nos horroriza de la época nazi se evidencia ya en escritos de la época, incluida la expulsión o el genocidio de las poblaciones del este de Europa, y particularmente de la de Polonia, como modo de lograr la anhelada expansión alemana.

Esa expansión territorial al este se había hecho posible, en realidad, a través de los Tratados de Brest-Litovsk firmados entre Alemania y la Unión Soviética el 3 de marzo de 1918, por los cuales esta última abandonó a sus aliados en la Primera Guerra Mundial acordando una paz unilateral con Alemania con el coste de concederle derechos sobre territorios importantes no solo en Polonia, sino también en Lituania e incluso en Ucrania.

Aunque la derrota alemana en la Primera Guerra Mundial lo cambió todo, de modo que Alemania perdió todos esos territorios a favor de los nuevos países que entonces se crearon

El general prusiano e historiador militar Friedrich von Bernhardi (1849-1930), antes de 1910.

ASC

El naturalista, geólogo y biólogo inglés Charles Darwin (1809-1882), fotografiado alrededor del año 1869.

(incluida Polonia), lo cierto es que el concepto del «espacio vital» no desapareció con el auge de la República de Weimar, el régimen político democrático surgido tras la derrota alemana. Permaneció latente, agazapado, formando parte de las reivindicaciones insatisfechas del pueblo alemán, hasta que Hitler lo rescató en su *Mein Kampf* dedicándole un capítulo completo.

La idea clave del «espacio vital» está presente en el capítulo llamado *Política oriental*. La idea de un espacio territorial que permitiera la expansión de la población alemana y la procura de recursos como el carbón y el hierro, vitales para la industria de guerra nazi, y, no en menor medida, de alimentos, como patatas y centeno –recordemos las hambrunas que tuvieron lugar en Alemania en aquellos años–, contribuye también a explicar la decisión de invadir Polonia.

Se trataba de realizar una auténtica «limpieza étnica», es decir, de vaciar esos territorios de sus pobladores (a través de la expulsión o el exterminio) para que fueran ocupados o colonizados por familias alemanas, del mismo modo que otros Estados europeos lo habían hecho con sus colonias en todo el mundo o que se había producido –y el ejemplo resulta particularmente llamativo– en la conquista del oeste norteamericano. La opción de que esa población autóctona llegase a convertirse en alemana, en parte de Alemania, era, sencillamente, impensable.

Como Stalin y los generales soviéticos hubieran debido entender, para Hitler y sus seguidores no había diferencia entre Polonia y la Unión Soviética. En ambos casos se trataba de territorios ricos en recursos materiales que estaban ocupados por eslavos a los que habría que destruir. A diferencia de la ocupación de Francia y de otros países europeos occidentales, no se trataba de conquistar, sino solamente de ocupar su territorio y hacerse con sus recursos naturales. Lo único que se incorporaría a Alemania serían esos elementos.

No se trataba, por tanto, de una mera invasión y la consiguiente ocupación militar. Se trataba, desde el principio, de una guerra de aniquilación. Por eso la invasión y la ocupación posterior, como ocurriría después con las de la Unión Soviética, tendría caracteres propios, incomparables, por la dimensión del daño causado, con lo sucedido en otras latitudes.

En términos relativos, Polonia fue el país que más ciudadanos perdió en la Segunda Guerra Mundial, incluidos varios millones de judíos. El sufrimiento de su población civil (también el de los combatientes) fue atroz. Alemania puso allí en práctica, a gran escala, todo lo aprendido en la Guerra Civil española, sobre todo en cuanto al uso de la fuerza aérea.

Firma del Tratado de Paz de Brest-Litovsk (entre la República Popular Ucraniana y los Imperios Centrales) el 9 de febrero de 1918, en la ciudad bielorrusa de Brest-Litovsk.

GETTY

La aparición del Estado polaco y el contexto internacional

Polonia, tras una azarosa existencia a lo largo de la historia, que alternó fases de independencia con otras de sometimiento a las potencias hegemónicas en cada momento, había desaparecido como entidad política autónoma años antes de la Primera Guerra Mundial, con un territorio dividido entre sus poderosos vecinos: Prusia (Alemania), el Imperio austrohúngaro y Rusia. Sin embargo, existía un «alma» polaca independiente, que se evidenció en numerosos levantamientos e insurrecciones que fueron cruelmente aplastados en el siglo XIX. Por otra parte, los defensores del reconocimiento de un Estado polaco independiente redoblaron sus esfuerzos al terminar la Gran Guerra y llegaron a promover una gran sublevación entre 1917 y 1918. El hecho de que tanto Alemania como el Imperio austrohúngaro figurasen entre los derrotados de la contienda, y que Rusia se hubiera convertido en la URSS reforzó las posibilidades de éxito de los nacionalistas polacos.

Para las potencias occidentales, y sobre todo para Francia, la existencia de un nuevo Estado «colchón» que, tomando parte de los territorios de Alemania y Rusia, quedase encajado entre ambas potencias solo representaría ventajas. Estados Unidos, por otra parte, contaba con una colonia polaca de cierta relevancia e influencia, lo que seguramente contribuyó también a una posición tendente al reconocimiento del renacido Estado polaco, expresada en los catorce puntos del presidente Wodrow Wilson, que contenían las propuestas norteamericanas para la negociación de las condiciones de paz tras la Guerra del 14.

Aunque el resultado no estuvo garantizado en ningún momento, y hubo situaciones de incertidumbre, lo cierto es que entre las cláusulas finales del Tratado de Versalles se incluyeron las disposiciones relativas al territorio polaco que, a la postre, significaron su reconocimiento como un nuevo Estado, a semejanza de lo que había ocurrido en buena parte de la Europa del Este tras la disgregación del Imperio austrohungáro. No cabe duda de que el nacimiento del nuevo Estado –y, sobre todo, el hecho de que parte del territorio «histórico» germano quedase ahora atribuido a él– no fue visto con agrado por Alemania. Antes al contrario: desde un primer momento, la creación del Estado polaco y su soberanía sobre territorios alemanes formó parte del resentimiento de la población alemana por la derrota sufrida y las (a su juicio) injustas consecuencias de la paz y alimentó el nacionalismo alemán de entreguerras y, a la postre, el nazismo.

Tampoco desde el lado soviético las cosas se veían con gusto, especialmente la vocación expansiva que manifestó el nuevo Estado polaco, desde el primer momento de su existencia, en relación a territorios bálticos como Lituania o Ucrania. Polonia también tuvo conflictos fronterizos con Checoslovaquia en 1919 y cometió el error de aprovechar la invasión alemana de los Sudetes en 1938 para recuperar parte de su territorio en disputa.

Por tanto, ya desde que finalizó la Primera Guerra Mundial y se alcanzaron los acuerdos que guiarían la posguerra, la existencia de una Polonia independiente se vio amenazada por el deseo de los alemanes y los soviéticos de destruir el nuevo Estado o, al menos, de reducir sustancialmente su territorio. El advenimiento del nazismo no hizo, seguramente, más que acelerar las cosas.

El darwinismo aplicado a los pueblos estaba en la esencia de todo lo que vino después. Resulta curioso recordar que Darwin nunca consideró que las especies «fuertes» tuvieran derecho a nada ni que, de hecho, estuvieran mejor preparadas para sobrevivir que las demás. En la famosa frase que resume todos sus descubrimientos, se refiere a las especies con mayor capacidad de adaptación, pero, desde esa tergiversación inicial, la doctrina imperialista y nacionalista alemana, prácticamente sin interrupción desde el siglo XIX, construyó los mimbres intelectuales e ideológicos sobre los que se edificaría la barbarie nazi.

El precio que Polonia hubo de pagar por el apoyo franco-británico fue la absoluta subordinación de su política exterior y, sobre todo, de sus decisiones militares a las peticiones de ambas potencias europeas.

Concretamente, la movilización general polaca se vio retrasada por las peticiones de los aliados, especialmente de los franceses, que trataban de evitar que los movimientos polacos pudieran desencadenar la invasión alemana (por otra parte, ya decidida) en el marco general de su política suicida de apaciguamiento *(appeasement)*. De hecho, cuando se produjo la invasión, Polonia no había conseguido completar su movilización general y, perdida ya una parte de su territorio, con los medios de transporte ya amenazados –y atacados ferozmente– por la aviación alemana, nunca pudo llegar a completarse.

Polonia había tratado de reforzar su ejército con adquisición de material moderno, especialmente procedente de Francia, lo que mejoró su capacidad de combate, pero no fue suficiente para compensar la superioridad alemana.

A pesar de la leyenda que se fue construyendo sobre la inferioridad polaca (cargas de caballería ligera contra los blindados alemanes que nunca se produjeron), su ejército no estaba tan atrasado desde muchos puntos de vista y había aspectos, como la artillería, en los que se había producido una mejora notable en los últimos años, aunque desde una perspectiva táctica y operativa, como el propio ejército francés que le servía de modelo.

Aspectos como la utilización autónoma de los carros de combate o el uso de instrumentos de comunicación avanzados entre las unidades combatientes, que redundaban en la mayor movilidad del ejército alemán, y, sobre todo, su enorme superioridad aérea serían decisivos.

El territorio polaco, básicamente una gran llanura al este de Alemania, era difícilmente defendible. Los asesores militares franceses recomendaban al gobierno de Varsovia que sus tropas retrocedieran hasta las líneas de defensa natural que permitían los grandes ríos que cruzaban su territorio,

La aparición del Estado polaco y el contexto internacional

Las relaciones entre la nueva Polonia y el régimen surgido del éxito de la revolución soviética no fueron fáciles desde el comienzo. Polonia se encontraba en el camino del gran objetivo geoestratégico de Lenin: sumar a Alemania a la causa bolchevique haciendo que triunfase el comunismo en la débil República de Weimar. No hay que olvidar que la existencia de Polonia se había hecho posible sobre la base de reconocerle territorios anteriormente pertenecientes a Alemania y otros reivindicados por la Unión Soviética.

Tampoco el nacionalismo polaco, encarnado en su héroe nacional Józef Piłsudski, haría las cosas más fáciles al desarrollar en 1919 varias campañas militares dirigidas a recuperar el «perímetro histórico del Reino de Polonia» con territorios que ahora pertenecían a Lituania y Ucrania, incorporados a la Unión Soviética tras la campaña militar lanzada por esta en 1918. Su idea era la de crear una federación de cuatro Estados, incluyendo a los Estados bálticos, que pudiera dar lugar a la aparición de una auténtica potencia europea. Estas aspiraciones tenían un cierto fundamento histórico, puesto que, durante parte de su existencia, Polonia y Lituania habían estado unidas en lo que quizá fue su momento de mayor esplendor (siglo XV).

A pesar de la evidente debilidad soviética –y de que los polacos se aprovecharon al comienzo de que el Ejército Rojo estaba concentrado en su lucha contra los rusos blancos–, la URSS, inicialmente superada por los polacos, pudo reaccionar a tiempo y terminó por expulsar a los ocupantes de sus nuevos territorios.

No obstante, puestos ya nítidamente frente a frente, el conflicto directo entre ambas partes no tardaría en estallar, de modo que, en 1920 y a pesar de que estaba vigente un armisticio entre los dos países suscrito en 1919, se produjo un intento de invasión por la Unión Soviética en respuesta a otra imprudente acción de Piłsudski, esta vez invadiendo Ucrania.

El ejército polaco estaba mejor preparado de lo que podría pensarse. A pesar de que sus efectivos procedían de tres ejércitos distintos (los de los tres imperios a los que había pertenecido su territorio), más voluntarios llegados de Francia –a lo que habría que sumar el abierto apoyo de esta última–, su desempeño militar fue notable y consiguieron derrotar completa y definitivamente a los soviéticos, consolidando así su independencia (y eso a pesar de que las tropas soviéticas llegaron a estar a cien kilómetros escasos de Varsovia).

La situación en la región era, pues, de un frágil e inestable equilibrio cuando los nazis llegaron al poder en 1933.

El nuevo armisticio entre Polonia y la Unión Soviética se firmó el 12 de octubre de 1920, y le siguió la firma de un Acuerdo de Paz el 18 de marzo de 1921 (el Acuerdo de Riga). Pero este no selló una paz definitiva entre ambas partes, como tampoco lo harían los acuerdos de no agresión firmados en 1932.

La Unión Soviética, frustrados sus planes de expandirse hacia Occidente, aguardó otra oportunidad. Y esta se produjo en 1939.

renunciando a la imposible defensa de más de mil seiscientos kilómetros de frontera con Alemania. Pero esa decisión era muy difícil de adoptar, teniendo en cuenta la importancia de las ciudades y el número de ciudadanos a los que se habría abandonado.

No obstante, los polacos eran muy conscientes del riesgo de que la movilidad de las tropas alemanas (que ya temían) fuese capaz, como luego ocurrió, de atrapar en grandes bolsas a sus unidades de vanguardia utilizando audaces maniobras de pinza. Su estrategia, parcialmente fallida, fue la de eludir en lo posible los combates frontales, tratando de ganar tiempo para una posible reacción franco-británica que no llegó a producirse.

Tampoco la maquinaria de guerra alemana estaba tan perfeccionada como llegaría a estarlo después y, de hecho, Polonia fue capaz de resistir más tiempo a los invasores de lo que lo serían Francia y Gran Bretaña juntas sobre territorio francés. Aunque la *Blitzkrieg* hizo su aparición, y terminó resultando mortalmente eficaz, hubo muchos aspectos mejorables y las contraofensivas polacas causaron muchas bajas a las tropas alemanas. Algunos de esos aspectos fueron corregidos para la ofensiva contra Bélgica y Francia unos meses más tarde.

En definitiva, aunque los polacos combatieron con valor, la batalla estaba perdida de antemano no solo por la superioridad militar y táctica que habían alcanzado los alemanes, sino también por las propias limitaciones y los retrasos en la toma de decisiones para la mejora de su capacidad de defensa autónoma, incluida la movilización de sus tropas.

SHUTTERSTOCK

Una nación atrapada entre dos potencias

LUNA G. ALIJARCIO
HISTORIADORA

Växjö
Karlskrona
Riga
Liepāja
Jelgava
Velikiye Lu
Telšiai
Šiauliai
Memel
Daugavpils
Polotsk
Kėdainiai
Święciany
Vitebsk
Königsberg
Kaunas
Vilna
Danzig
Stolp
Alytus
Wilejka
Orsha
Kolberg
Suwałki
Oszmiana
Borisov
Stettin
Marienburg
Sejny
Allenstein
Lyck
Grodno
Lida
Minsk
Schneidemühl
Bydgoszcz
Grudziądz
Mosty
Nowogródek
Mława
Białystok
Toruń
Łomża
Bobruysk
Słutsk
Inowrocław
Baranowicze
Wołkowysk
Zhlobin
Modlin
Poznań
Płock
Mikaszewicze
Pińsk
Warsaw
Siedlce
Brześć
Leszno
Mozyr
Łódź
Maniewicze
Kowel
ALBUM

Tras más de un siglo de ausencia, la Polonia independiente volvía al mapa de Europa después de la Primera Guerra Mundial. Su nombre oficial era Segunda República Polaca, y se trataba de un país multicultural y multiétnico donde coexistían, como siglos atrás, varias culturas y minorías: ucraniana, judía, bielorrusa y alemana. En este período de entreguerras se produjo una explosión de la cultura, la ciencia y la industria, hasta hacía poco frenadas por los países que se habían repartido Polonia. Pero, como toda la Europa de entreguerras, sobreviviría solo veinte años.

Desde finales del siglo XVIII, Polonia había ansiado la independencia nacional y la misma fue obtenida como resultado de la Primera Guerra Mundial. Durante la guerra, el presidente Woodrow Wilson había apoyado las esperanzas polacas de un Estado independiente con acceso al mar. En el programa de los Catorce Puntos de Wilson, el decimotercero se refería al restablecimiento de un Estado polaco independiente. Polonia fue invitada a las negociaciones de paz en Versalles como una de las potencias victoriosas, aun cuando, en realidad, la nación había surgido al finalizar la guerra.

La derrota de los imperios alemán y austrohúngaro, así como los conflictos internos de la Rusia revolucionaria, permitieron la reconstrucción del Estado polaco en el otoño de 1918. Pero los comienzos no fueron fáciles: debían crearse las bases de la estructura estatal, uniendo de nuevo las tierras

Fotografía de 1939-1940 en la que miembros del ejército alemán, frente al río San, observan varias aldeas del condado de Przemy (Subcarpacia), en el sureste de la Polonia ocupada por los alemanes.

separadas desde hacía más de un siglo; por otro lado, Polonia tenía que luchar en defensa de sus fronteras. Todas estas cuestiones condicionaron la política internacional europea de toda la primera mitad del siglo XX.

Así pues, la cuestión polaca fue uno de los principales puntos tratados a la hora de reestructurar el mapa europeo en 1919. La primera complicación era establecer qué forma había de tomar un Estado que no había existido en más de un siglo. Una vez realizada esta tarea, los retos que tenían que enfrentar los dirigentes del nuevo Estado eran enormes. ¿El motivo? Debían integrar en un solo Estado un territorio en el que, antes de la Primera Guerra Mundial, se utilizaban tres códigos legales, cuatro idiomas oficiales y seis sistemas monetarios.

Pero si hubo un asunto muy controvertido en Versalles fue la delimitación de sus fronteras, las cuales por otro lado nunca habían estado muy claras. En este asunto chocaban los intereses de muchos países, especialmente los de la propia Polonia y los de las nuevas nacionalidades aparecidas en su entorno.

Conviene aclarar en este sentido el por qué de la volatilidad de las fronteras de Polonia a lo largo de la historia. Esto se ha debido, por un lado, a la ausencia de barreras naturales claras al este o al oeste –solo podrían actuar como tales los Cárpatos y el mar Báltico–; y por otro, a la gran diversidad étnica característica de este espacio. Estas razones han favorecido la falta de estabilidad a la hora de establecer límites con sus vecinos tradicionales más directos, Alemania y Rusia.

De esta manera, las negociaciones territoriales acerca de las fronteras de Polonia fueron arduas en Versalles, puesto que rápidamente chocaron también los intereses del renacido país y los de las potencias que habían vencido en la guerra. Roman Dmowski, quien velaba por los intereses polacos, proponía basarse en las fronteras que tenía Polonia antes de ser repartida entre Austria, Prusia y Rusia a finales del siglo XVIII.

El presidente de EE UU de 1913 a 1921, Woodrow Wilson, retratado en 1919, un año después de exponer sus famosos Catorce Puntos para asegurar la paz en Europa y el mundo.

ALBUM

Los Cuatro Grandes en el Hotel Crillon de París, durante la Conferencia de Paz de Versalles de 1919. De izda. a dcha., los primeros ministros de Gran Bretaña, Lloyd George, Italia, Vittorio Orlando, y Francia, Georges Clemenceau, y el presidente de EE UU, Woodrow Wilson.

Es decir, quería delimitar el país de igual manera que la antigua República de las dos Naciones –un gigantesco Estado que había surgido de su unión con Lituania en 1569, marcado por una gran diversidad étnica, y que perduraría hasta 1795–. Sin embargo, pronto fue evidente que las grandes potencias no iban a dejar que fuera la propia Polonia quien decidiera sus fronteras.

Uno de los puntos más peliagudos de la negociación fue definir el límite occidental del nuevo Estado, que se trazaría a costa de las antiguas provincias orientales del Imperio alemán y siguiendo criterios étnicos. Algunas de estas zonas que recibió Polonia fueron la Poznania, con capital en Poznán –en alemán Posen; se había levantado en armas hacia el final de la guerra a favor de una Polonia independiente–, la mitad sur de la Alta Silesia –zona codiciada por su riqueza minera, que votó la anexión a la nueva Polonia– y el área alrededor de la ciudad de Danzig, que quedó como Ciudad Libre en una solución que no convenció ni a polacos ni a alemanes. Pese a todo, Polonia había logrado el que era uno de sus objetivos principales: una salida al mar. Se realizaba así un auténtico desmembramiento de Prusia, una desgermanización que llevó a los alemanes orientales a emigrar progresivamente hacia el oeste, una escena que se repetiría a partir de 1945.

Si ya hemos visto que la delimitación de la frontera occidental acarreó muchos problemas, podemos decir lo mismo de la oriental. De hecho, las tensiones con la Rusia bolchevique llevaron a la confrontación armada en 1919-1920.

La República en el cénit de su poder. Libertad Dorada. La Elección Real de 1573, obra del pintor polaco Jan Matejko, creador del imaginario histórico polaco.

En noviembre de 1918, había sido proclamado jefe provisional del Estado polaco el general Józef Pilsudski (1867- 1935), quien pretendía conciliar simultáneamente las pretensiones territoriales polacas con las de los independentistas ucranianos y lituanos. Sostenía que era poco realista la creación de varios Estados entre Alemania y Rusia cuyos límites fueran en función de criterios étnicos. Esta había sido la intención manifestada por los aliados en 1919, durante la Conferencia de París. Pero, en opinión del militar polaco, estos pequeños Estados-naciones no solucionarían los problemas políticos de esta región, ya que la mayoría de ellos continuarían abrigando muchas minorías étnicas. Además, estaba convencido de que la inseguridad diplomática aumentaría, porque estos Estados resultarían muy vulnerables frente a una Rusia que ansiaba expandirse y reconstituir su imperio.

Rusia obsesionaba a Józef Pilsudski, ya que pensaba que siempre constituiría un impedimento para la independencia polaca. Por eso, para él la solución era constituir una federación de Estados nacionales liderados por Polonia, a sus ojos, la única potencia de la región capaz de frenar las ambiciones expansionistas rusas. Pretendía que fuera una asociación de todas las nacionalidades que, de una manera u otra, habían sufrido el «yugo ruso». El conservador Roman Dmowski, su rival político, desconfiaba también de Rusia pero veía en Alemania una amenaza mayor. La historia dio la razón a los dos.

Al contrario de lo que esperaba Pilsudski, su proyecto provocó el rechazo general. La Entente, Lituania y Ucrania veían en él una forma disfrazada de expansionismo, y no fue entendido por los grupos de derecha ni de izquierda. Pilsudski decidió pasar a la ofensiva y el llamado conflicto polaco-bolchevique tuvo como primer campo de operaciones los territorios lituano-bielorrusos. Los ejércitos polacos ocuparon Vilnius en abril de 1919, con la intención de revivir la unión polaca-lituana contra Rusia, lo que provocó la protesta encarnizada de las autoridades lituanas, que considerarían el gesto de Pilsudski como una nueva ocupación extranjera.

Desde enero de 1920, Rusia concentró sus tropas en el noroeste, mientras que Polonia hizo lo mismo en el sudeste. Una vez más, los polacos tomaron la iniciativa y, el 25 de abril, Pilsudski dirigió un ataque sorpresa contra la ciudad de Kiev, apoyado por divisiones ucranianas. Esta ofensiva polaco-ucraniana concretó el acuerdo firmado entre Pilsudski y el dirigente ucraniano Semion Pietliura (1879-1926). En él, Ucrania renunciaba a la región de Galitzia oriental en favor de Polonia y, a cambio, el gobierno polaco reconocía el Directorio dirigido por Pietliura como gobierno ucraniano legítimo y brindaba un apoyo militar a las reivindicaciones territoriales ucranianas contra Rusia.

Sirvienta con un pollo en la cabeza en una granja en la provincia de Poznán o Posen (1909).

GETTY

GETTY

La milicia polaca armada esperando en las barricadas durante los levantamientos de los polacos de Alta Silesia contra el dominio alemán (1919 a 1921).

Aunque es cierto que, al mes siguiente, Pilsudski fue recibido con vítores en Varsovia, la alegría duró poco: el Ejército Rojo había lanzado una ofensiva que amenazaba la independencia polaca.

Minsk fue capturada el 11 de julio, Vilnius el 14, Grodno el 19, Bialystok el 28 y Brest Litovsk el 1 de agosto. La retirada de las fuerzas polacas y la caída de estos territorios dejaban el paso libre al Ejército Rojo hacia los alrededores de Varsovia, donde se extendió el pánico, ya que los bolcheviques empezaron a organizar una administración revolucionaria. La intención de Lenin era transformar a Polonia en el «puente rojo» sobre el que pasaría Rusia para exportar su revolución hacia Alemania.

El primer ministro Wladyslaw Grabski viajó a Spa (Bélgica) con el fin de solicitar una ayuda militar. Allí se encontraba reunido el Consejo de los Embajadores de la Entente, que recibió la petición con gran frialdad: consideraban a Polonia el causante directo del conflicto. De esta manera, rechazó involucrarse militarmente en el conflicto, pero ofreció su mediación y también obligó a Grabski a aceptar un trazado de la frontera con Rusia conforme a la línea Curzon. Esta frontera había sido propuesta en diciembre de 1919 por el entonces ministro británico de asuntos exteriores, Lord George Curzon, y se justificaba a partir de criterios étnicos.

Un líder para Polonia: J. Piłsudski

Si hubo alguien considerado el principal responsable de que Polonia obtuviera su independencia en 1918, ese fue Józef Piłsudski, personaje particularmente sensible a la cuestión de la reconstitución del antiguo Estado polaco. Nació en 1867, cerca de Vilnius, en una familia nobiliaria lituana que se asimiló a la cultura polaca.

Con grandes dotes de liderazgo, en 1894 se hizo con el poder en el Partido Socialista Polaco y fundó el periódico antirruso de los socialistas polacos *Robotnik* (*El obrero*). Dentro del partido creó una corriente revolucionaria y luchó a favor de la independencia de Polonia, que se encontraba dividida entre la Rusia zarista, el Imperio austrohúngaro y Alemania.

A pesar de su falta de formación militar reglada, Piłsudski mandó, durante la Gran Guerra, la Primera Brigada de la Legión Polaca y se convirtió en el caudillo de la lucha antirrusa y por la restauración de una Polonia independiente. Tras la guerra, liberado por los alemanes de la prisión de Magdeburgo, regresó a Varsovia y fue nombrado comandante en jefe del ejército. El 20 de febrero de 1919, la Asamblea Constituyente elegida en enero le nombró jefe del Estado: se convirtió en la práctica en dictador de Polonia. La rivalidad entre sus partidarios y sus opositores –del Partido Nacional Democrático de Dmowski y del ejército– caracterizó la política polaca de entreguerras.

La caballería polaca avanzando en la frontera lituana en marzo de 1919, en un intento de conquistar la región de Wilno (actual Vilnius). Esta ofensiva se llevó a cabo contra los bolcheviques soviéticos para recuperar las antiguas fronteras de Polonia.

GETTY

Además, Grabski debía pedir inmediatamente un armisticio y someter la cuestión de Vilnius y de Galitzia oriental al arbitraje de la Sociedad de las Naciones.

El enfrentamiento decisivo de esta guerra con Rusia tuvo lugar en Varsovia del 13 al 18 de agosto de 1920. La batalla de Varsovia terminó con 100 000 soldados del Ejército Rojo prisioneros, 40 000 que huyeron hacia Prusia Oriental y tres ejércitos que fueron aniquilados. Con esta victoria la independencia polaca fue salvada, aunque la victoria final se dio con el enfrentamiento a lo largo del río Niemen en septiembre de 1920. Las negociaciones de paz se inauguraron oficialmente en la ciudad de Riga (Letonia), el 18 de marzo de 1921. Pero lo cierto es que pervivieron muchos rencores y frustraciones en ambos bandos, y las relaciones polaco-soviéticas fueron tensas y conflictivas durante todo el período de entreguerras.

Un nuevo conflicto armado polaco-soviético estalló el 17 de septiembre de 1939, cuando el Ejército Rojo atacó una Polonia desbordada por la invasión alemana lanzada dos semanas antes. Stalin logró, gracias a un pacto con la Alemania nazi (pacto Ribbentrop-Mólotov), extender la frontera soviética hasta la línea Curzon, acuerdo que hizo ratificar por los aliados angloamericanos en Yalta en febrero de 1945. Además, Polonia estaría integrada en su esfera de influencia hasta 1989.

Pero volvamos a la década de 1920 para explicar cómo era la recién nacida Segunda República Polaca. En ese momento, Polonia tenía una extensión de 388 634 km², lo que la convertía en el sexto país más grande de Europa, y contaba con 27,2 millones de habitantes en 1921. Sin embargo, la situación económica del nuevo país era muy delicada. A la devastación provocada por la guerra se unía un notable desequilibrio en el desarrollo de las diversas regiones, puesto que mientras la industria se concentraba en el

Józef Piłsudski (1867-1935), primer jefe de Estado, primer mariscal y dictador de la Segunda República Polaca.

AGE

Batalla de Niemen (1935), de Wojciech Kossak. En el enfrentamiento en el río Niemen, entre el 15 y el 25 de septiembre de 1920, los polacos derrotaron a los soviéticos.

antiguo noroeste prusiano –Alta Silesia y los alrededores de Varsovia–, la región oriental y la antigua zona austriaca eran, casi en su totalidad, rurales y mucho más pobres.

Las comunicaciones entre las distintas regiones eran escasas, ya que las potencias que se habían repartido la antigua confederación habían acaparado las comunicaciones con la metrópoli. Galitzia contaba con ocho líneas férreas que la conectaban con el resto del Imperio austrohúngaro, pero solo dos la unían con el resto de los territorios polacos. Y lo mismo ocurría en centros urbanos como Poznán o Lódz –que, como hemos visto, habían sido regidos por el Imperio alemán–, conectados con una sola vía férrea con Varsovia mientras disfrutaban de conexiones ferroviarias directas con ciudades alemanas como Berlín, Danzig, Stettin, Breslavia o Königsberg.

Otra dificultad del nuevo territorio era la inmensa diversidad en legislación, divisa, fiscalidad y funcionamiento de las empresas. En enero de 1919 existían un total de nueve sistemas legislativos en uso en la nueva nación y cinco tipos de moneda diferentes, tanto las creadas por el gobierno polaco como las heredadas de Austria, Alemania y Rusia, más las generadas como resultado de la Primera Guerra Mundial.

Las tareas de reconstrucción y unificación del país eran ingentes y requerían una gran cantidad de ingresos al Estado, que no disponía de ellos, dado

AGE

Batalla de Niemen (1935), de Wojciech Kossak. En el enfrentamiento en el río Niemen, entre el 15 y el 25 de septiembre de 1920, los polacos derrotaron a los soviéticos.

El sueño de la independencia

Concédenos la guerra general para la libertad de los pueblos, Te rogamos, Señor. Armas y nuestras águilas nacionales, Te rogamos, Señor. [...] La independencia, la integridad y la libertad de nuestra patria, Te rogamos, Señor". Así expresaba el poeta nacional polaco-lituano-bielorruso Adam Mickiewicz (1798-1855) su gran anhelo de independencia para Polonia. Sabía que para conseguirla era necesario un conflicto entre las potencias que se la habían repartido (Austria, Rusia y Prusia), el cual se transformaría en una guerra europea.

La Primera Guerra Mundial se convirtió en catalizadora de un sentimiento nacional, de celo religioso, basado en una experiencia social compartida. La nación dividida y desgarrada se convirtió en una comunidad nacional, inspirada y apasionada, agitada y combatiente, en lucha por la soberanía. Aún en las publicaciones polacas de hoy día, la Primera Guerra Mundial es presentada como un acontecimiento que trajo la libertad a Polonia. A pesar del gran daño que acarreó al país y de las pérdidas humanas, la guerra se percibió rápidamente como un momento de preparación para la independencia. Este mito dominó el arte y la literatura polaca por un largo tiempo.

que la recaudación de impuestos era escasa y caótica (a estos gastos hemos de unir los derivados de la guerra con los soviéticos).

Una gran preocupación del nuevo gobierno era satisfacer las necesidades de las clases pobres, aunque quizá con un espíritu paternalista, más ansioso de prevenir conflictos y malestar social –dado que el peligro de revueltas sociales estaba siempre presente- que de implantar un igualitarismo democrático.

Toda esta situación generó una gran inflación en el país casi desde la misma declaración de independencia, puesto que el Estado cubrió las necesidades de capital poniendo moneda en circulación.

Solo hacia 1923-1924 se alcanzó una cierta estabilidad de la hacienda polaca y se logró la unificación fiscal de todos los territorios del país, así como la unificación de las regiones en todos los aspectos (administrativo, de comunicaciones, etc.)

También la economía empezó a modernizarse en ese momento gracias a una serie de reformas económicas que privilegiaron una moneda fuerte y un aumento del intercambio comercial con el resto de Europa en vez de apoyar una autarquía económica.

A la izquierda, Simon Petliura (1879-1926), presidente del Directorio de la República Popular Ucraniana entre 1919 y 1920. A la derecha, lord George Curzon (1859-1925), político conservador británico, virrey de la India y secretario de Estado de Asuntos Exteriores.

ASC

ASC

Por otro lado, el gobierno polaco impulsó, desde 1926, una serie de planes masivos de alfabetización tanto en zonas rurales como urbanas, con el fin de implantar la instrucción general en idioma polaco, promoviendo la lengua y cultura polacas como factor de cohesión nacional entre los habitantes de las tres áreas antes dominadas por imperios diferentes. Pero no todos aprobaban estas medidas: los habitantes ucranianos y rutenos –que eran muy numerosos en las zonas rurales de las provincias orientales– acusaban al gobierno de Varsovia de promover una polonización forzosa de su minoría étnica como herramienta de discriminación y control político. Y es que el país distaba de ser una entidad nacional homogénea, ya que contaba con una cantidad apreciable de minorías, siendo las más importantes los eslavos no polacos (ucranianos y bielorrusos), que sumaban el 18 % de la población. Otras minorías importantes eran los judíos (10 %) y los alemanes (5 %).Como Polonia tenía problemas con todos sus vecinos –excepto con Rumanía, con quien existía una pequeña frontera en el extremo suroriental del país–, buscó siempre el apoyo de Gran Bretaña y de Francia a nivel internacional, y firmó acuerdos de no agresión con sus vecinos más amenazantes: la Unión Soviética (en 1932) y Alemania (en 1934), tratando en vano de apaciguarlos. Al final, ambos tratados serían papel mojado, ya que ninguno de sus vecinos los respetaría.

Pocos límites de Estados europeos reflejan tan bien como los de Polonia los vaivenes de la política internacional del siglo XX, y pocos han tenido tanto protagonismo e importancia en lo que el historiador británico Eric Hobsbawm llamó la «Era de los Extremos».

El disfraz diplomático de Hitler

FEDERICO ROMERO DÍAZ
HISTORIADOR

Si por algo se caracterizan los momentos previos a la Segunda Guerra Mundial es por la intensa actividad diplomática que las grandes potencias implicadas desplegaron. Unos trataron de evitar el conflicto, mientras que otros sacaron el máximo partido antes del comienzo de la contienda. Podríamos situar al Reino Unido y a Francia en el primer grupo y a Alemania y la Unión Soviética en el segundo.

Los años previos a la Segunda Guerra Mundial se definen por la doble cara de la política exterior alemana. La Alemania nazi realizaba declaraciones oficiales de su deseo de mantener la paz en Europa, aunque no mostraba el más mínimo reparo en amenazar con la guerra a las otras potencias si se la contrariaba en cualquiera de sus planes de expansión territorial o de rearme de su ejército.

La diplomacia alemana rechazó todas las propuestas que no concedieran a su pueblo paridad militar inmediata con las potencias occidentales. El 19 de octubre de 1933, ante la negativa de Reino Unido y de Francia a ceder a las pretensiones germanas en ese sentido, Berlín anunció su retirada tanto de la Conferencia de Desarme como de la Sociedad de Naciones.

Hitler lideraba el sentimiento de revancha de los nacionalistas alemanes. Rechazaban la derrota de 1918 y querían revertir las duras condiciones impuestas a su nación tras el fin de la Gran Guerra. Para

Los aviones de la *Luftwaffe* surcan el cielo de Berlín durante el desfile por el 50 cumpleaños de Hitler, el 20 de abril de 1939, el más multitudinario de la historia del Tercer Reich. Los aliados ignoraron el evento a nivel diplomático.

GETTY

Las tropas de asalto del rearmado ejército alemán durante la celebración en Núremberg, en 1933, del llamado Congreso de la Victoria *(Reichsparteitag des Sieges)*.

conseguirlo era imprescindible un ejército potente, mucho mayor del permitido por las normas del Tratado de Versalles. Tras el acceso al poder en 1933, el gobierno nazi, violando las cláusulas que establecían la reducción del ejército alemán, se dedicó de una manera más o menos velada a rearmar a sus tropas tanto en número como en medios (*Aufrüstung*). Solo así el pueblo alemán podría recuperar el orgullo perdido. Para conseguirlo, se usaron organizaciones encubiertas, financiadas por el Estado. Estas corporaciones se establecieron como empresas civiles que se lanzaron a la investigación e innovación tecnológica y a producir para el ejército, generándose una reactivación económica en todos los sectores que ayudó en gran medida a alcanzar el pleno empleo ya a mediados de los años 30.

Con la derrota en la Primera Guerra Mundial, Alemania había perdido, además de todas sus colonias, el 13% de su territorio europeo y una décima parte de su población. Hitler se consideraba en la obligación de recuperar para el pueblo alemán, definido en términos raciales *(Volksgemeinschaft)*, esos territorios para hacerse con el espacio vital *(Lebensraum)* que, como raza superior, le correspondía. En 1935, el Sarre, encomendado a Francia por quince años tras la firma en Versalles, fue devuelto a Alemania por la Sociedad de Naciones después de la celebración de un plebiscito. Ante la pasividad de Gran Bretaña y Francia, contrarias a comenzar una nueva guerra mundial, los nazis tomaron la zona desmilitarizada del Rin. Francia se limitó a construir fortificaciones al otro lado de la frontera, mientras que los británicos condenaron la acción, aunque ninguna de las dos intervino para hacer cumplir los términos del tratado. Ante tales sucesos, Italia cambió de bando. Abandonó a franceses e ingleses y se acercó a la Alemania nazi, con la que por diferentes cuestiones no siempre había tenido unas relaciones fáciles.

Tras el estallido de la Guerra Civil española se creará el Comité de No Intervención para evitar que la contienda se extienda por Europa. El nuevo Eje Roma-Berlín, junto al Portugal salazarista, apoyará abiertamente al bando sublevado. Franceses, ingleses y norteamericanos, fieles a su política de apaciguamiento, serán mucho más reticentes a prestar su apoyo al bando republicano. Solo la Unión Soviética y México, ante el incumplimiento de germanos e italianos del pacto de no intervención, prestarán una ayuda decidida a la República española.

Tropas de la policía internacional en la frontera alemana, cerca de Zweibrücken, en enero de 1935, con motivo de la votación en el Sarre.

ALBUM

A pesar de sus éxitos, Alemania no cejaría en su agresiva política exterior. En 1934, los nazis austriacos, con el apoyo encubierto de Hitler, dieron un golpe de estado fallido contra el gobierno asesinando al dictador Dollfuss. Los golpistas trataban de conseguir la unión con Alemania, pero el escaso entusiasmo popular, la falta de apoyo de policía y ejército y las rivalidades entre las SA y las SS austriacas hicieron fracasar el intento. Esta primera derrota no desanimaría a los nazis en sus planes de anexión de Austria. Cuatro años después, en 1938, la situación era muy diferente. Italia, antigua garante –junto a Reino Unido y Francia– de la independencia de Austria, ya no era un obstáculo, sino una aliada de Berlín. Ante el desarrollo del poderío económico, político y militar de la emergente Alemania, gran parte de los austriacos había cambiado también de idea y ahora estaban a favor de la unión. Así, el 12 de marzo de 1938, tras un nuevo referéndum impuesto al gobierno y por abrumadora mayoría en ambos países, se produjo la fusión de Austria y la Alemania nazi, la *Anschluss*.

Ese mismo año, Hitler chantajeó de nuevo al británico Chamberlain con la amenaza de una nueva guerra. Argumentaba que la población alemana de la región de los Sudetes, perteneciente a Checoslovaquia, era partidaria de la anexión a Alemania, y que desde Berlín no se iba a consentir que fueran masacrados por la policía y el ejército checo en las manifestaciones de protesta que realizaban. Tanto los franceses como los británicos, a pesar de todo, seguían decididos a evitar una nueva conflagración mundial. El propio Chamberlain creía sinceramente que las protestas germanas eran fundadas y aconsejó ceder al gobierno checo. Finalmente, en septiembre, los jefes de gobierno de Francia, Reino Unido, Italia y Alemania se reunieron en Múnich, donde

EFE

El presidente belga, Van Zeeland, el primer ministro británico, Baldwin, y el ministro de Asuntos Exteriores francés, Delbos (izda. a dcha.), el 23 de julio de 1933 en Londres.

GETTY

Soldados alemanes ante el Rin.

se acordó la capitulación, plasmada en el Pacto de Múnich. El 30 de septiembre de 1938, Checoslovaquia, cedía los Sudetes a Alemania, que pronto los ocupó militarmente expulsando al resto de la población checa que aún vivía allí. Hitler no tardaría en saltarse el acuerdo anexionándose Checoslovaquia al completo en marzo de 1939.

La diplomacia germana también consideraba ilegítimas las cláusulas del Tratado de Versalles que dividieron el territorio alemán en dos. Se concedían a Polonia territorios alemanes en la Prusia occidental y parte de Silesia, para darle una salida al mar desde puerto de la ciudad de Danzig a través del conocido como «Corredor Polaco». Eran territorios que albergaban importantes grupos de alemanes, que, según la propaganda nazi eran oprimidos y discriminados por los polacos. Tras el éxito, sobre, todo diplomático, que había significado la anexión de Austria y los Sudetes, la ocupación alemana de Polonia era el siguiente paso en los planes expansionistas de Hitler. Hacerse con el territorio polaco implicaba un gran reto para el gobierno y la diplomacia alemanes, que deberían vencer la oposición no solo de la propia Polonia, sino también de Francia, Reino Unido y la Unión Soviética, todos con poderosos intereses en Polonia.

En 1934, la Alemania de Hitler y Polonia habían firmado un pacto de no agresión, pero cinco años después la paz con este país entraba en conflicto con los planes de expansión territorial. No obstante, convenía

Maksim Litvinov: un veterano bolchevique judío y conocido antinazi al frente de la diplomacia soviética

Su verdadero nombre era Max Wallach y había nacido en una acaudalada familia de banqueros judíos lituanos, en Białystok, en 1876. Maksim Litvinov era el alias elegido en 1898 para la clandestinidad en la que vivía como miembro del ilegal Partido Obrero Social Demócrata de Rusia. Fue encarcelado por sus actividades revolucionarias, aunque consiguió escaparse y exiliarse en Suiza. En 1903 ya aparece alineado con el ala bolchevique del partido. Pasó por diferentes países, como Francia, de donde fue expulsado a Gran Bretaña; residió en Londres y en Belfast muchos años. Allí conoció a su esposa, Ivy Lowe, miembro de una aristocrática familia judía británica. Su trayectoria política, su excelente educación y sus contactos le valieron que Lenin le confiara tareas de representación diplomática en Europa. Sus brillantes gestiones en varias cuestiones le llevaron a ser nombrado en 1921 vicecomisario de Asuntos Exteriores, estando a las órdenes de Guerogui Chicherin, personaje muy hostil a las potencias occidentales. En 1930, ante la mala salud de su superior, fue designado por Stalin comisario de Asuntos Exteriores.

Litvinov era un hombre de ademanes bruscos, independiente y difícil de manejar, aunque muy valioso. Stalin no se entrometía en su labor, ya que no se le había dado gran peso en el Partido y eso le descartaba como posible rival. El líder soviético, en caso de considerarlo esencial, se limitaba a comunicarse directamente con los diplomáticos encargados de los temas que consideraba de relevancia para darles las instrucciones que considerara oportunas. La exclusión del Pacto de Múnich y la poca importancia que Francia y Gran Bretaña le otorgaban a una alianza con la Unión Soviética dejaron a la línea política seguida por Litvinov en evidencia. Era inevitable pactar con la Alemania nazi para proveerse del equipamiento militar y manufacturas necesarios para la guerra que se avecinaba y para resolver la cuestión polaca y la distribución de las áreas de influencia en Europa Oriental, y eso era imposible hacerlo con un servicio de exteriores dirigido por un judío, conocido enemigo del nazismo y simpatizante de Gran Bretaña. De modo que fue destituido, el NKVD (Comisariado del Pueblo para Asuntos Internos) llevó a cabo una purga entre sus colaboradores y se produjo un cambio temporal en la política exterior rusa. A pesar de todo ello, Litvinov no fue purgado por Stalin, pues había sido el protagonista de logros tan importantes como el reconocimiento del régimen soviético por parte de Estados Unidos en 1933 o el ingreso en la Sociedad de Naciones. El tiempo vendría a demostrar que conservarlo fue una decisión acertada.

Tras la invasión alemana de la Unión Soviética en junio de 1941, fue nombrado de nuevo vicecomisario de Asuntos Exteriores. De 1941 a 1943 sirvió como embajador en Estados Unidos, contribuyendo decisivamente a lograr acuerdos que permitieron a la Unión Soviética recibir de los americanos miles de *jeeps*, camiones, vehículos blindados, aviones y alimentos.

Maksim Litvinov murió a finales de 1951. Su nieto Pável Litvinov, físico y escritor, sería un conocido disidente y opositor a ese sistema soviético que su abuelo se esforzó en proteger y defender en la escena internacional.

Ilustración alegórica de la Anschluss (12 de marzo de 1938), la fusión de Austria y de la Alemania nazi en una sola nación.

GETTY

seguir manteniendo las apariencias. Así, aunque oficialmente trataba de buscar una solución diplomática negociando con Polonia para acabar con la división del territorio alemán en dos, en marzo de 1939 se lanzaba a ocupar Checoslovaquia, Bohemia y Moravia y ultimaba en secreto sus planes militares de invasión de Polonia: la operación *Fall Weiss* (Casco Blanco).

La diplomacia alemana era consciente del riesgo que la invasión de Polonia suponía. Podía desatarse una guerra en varios frentes a la vez: contra los propios polacos, con la Unión Soviética, contra Francia y Reino Unido. El ejército alemán, a pesar de su espectacular crecimiento, no podía permitirse luchar simultáneamente contra tantos enemigos. Era necesario desactivar alguna de estas amenazas. A principios de 1939, la Unión Soviética había intentado formar una alianza con Francia, Reino Unido, Polonia y Rumanía para hacer frente a la expansión territorial de Alemania. Sin embargo, ante la negativa polaca y rumana de permitir el tránsito de tropas soviéticas por su territorio, las negociaciones fracasaron. Esto, unido a la exclusión en 1938 de la Unión Soviética de los acuerdos de Múnich, convenció a los bolcheviques de que Francia y Gran Bretaña no estaban dispuestas a colaborar con ellos en el mantenimiento de la seguridad en Europa.

Stalin comprendió que su estratégica diplomática había fracasado y que era el momento de hacer un cambio que buscara el acuerdo con Alemania. En cierto modo, ambas potencias tenían mucho que ganar si dejaban atrás la confrontación que habían sostenido en los años anteriores y se ponían de acuerdo en el reparto del norte y el este de Europa en el plano político y económico. Alemania poseía bienes de equipo y productos manufacturados vitales para los soviéticos, que a cambio podían proporcionar a los alemanes materias primas como petróleo, caucho, manganeso y grandes cantidades de alimento de los que Alemania necesitaba en este ambiente prebélico.

El anterior secretario de Asuntos Exteriores, Maksim Litvinov, judío y conocido opositor al nazismo, partidario del acercamiento a las potencias occidentales y la integración de los soviéticos en los organismos internacionales, fue destituido. Se hizo una purga en la Comisaría de Asuntos Exteriores de sus colaboradores más próximos, muchos también judíos, y se puso al frente a Viacheslav Mijáilovich Mólotov. Este golpe de timón permitió el cambio de actitud de la diplomacia alemana hacia Moscú, desde donde se puso como condición la firma de un acuerdo comercial previo a un pacto de no agresión y el cese de las declaraciones anticomunistas por parte de los medios de comunicación alemanes. Las declaraciones cesaron rápidamente. Ahora, en Alemania y en la Unión Soviética, se ponía el acento en «la oposición a las democracias capitalistas». El 20 de agosto de 1939, se firmaba el acuerdo comercial entre Alemania y la Unión Soviética.

Ya no había obstáculos para firma del pacto de no agresión, aunque había que materializarlo. Para conseguir hacer realidad el acuerdo,

Von Ribbentrop, Stalin y Mólotov, el 23 de agosto de 1939 en Moscú, después de firmar el Pacto de No Agresión.

ALBUM

Hitler y Stalin acordaron el viaje del ministro de Asuntos Exteriores alemán, Joachim von Ribbentrop, a Moscú, donde se firmaría el 23 de agosto de 1939, nueve días antes de iniciarse la Segunda Guerra Mundial, el conocido como Pacto Ribbentrop-Mólotov entre la Alemania nazi y La Unión Soviética. El pacto contenía cláusulas de no agresión mutua y de negociación en las controversias entre ambos Estados. También se comprometían a no entrar en ninguna alianza que fuera contraria al otro y se establecían mecanismos de colaboración que permitirían a Alemania el acceso a las materias primas que necesitaba su industria. A cambio, a la Unión Soviética se le proporcionaban bienes de equipo, productos manufacturados y el acceso a tecnología que le permitiría ponerse al día, en especial a su industria armamentística. El tratado contenía un pacto adicional secreto donde se repartían las zonas de influencia en Europa Oriental. La Unión Soviética lograba que Alemania reconociera como zonas de interés soviético Finlandia, Estonia, Letonia y Besarabia (y más tarde, Lituania). En lo que respecta a Polonia, se decidió su reparto, fijando el río Vístula como frontera.

A pesar de todo esto, hasta el último momento la diplomacia alemana trató de engañar a Gran Bretaña y Francia, garantes de la independencia polaca, afirmando que seguía negociando con los polacos, a pesar de su «obstinación». Incluso, para evitar que los germanos lo vieran como una provocación, el gobierno polaco fue presionado por franceses y británicos para que no movilizara prematuramente a su ejército, lo que impidió que en el momento de la invasión Polonia pudiera desplegar sus tropas al completo, dejándola en una posición aún mayor de inferioridad frente a la *Wehrmacht*.

El pacto germano-soviético supuso un terremoto en las cancillerías mundiales, que no comprendían cómo dos potencias antagónicas se habían puesto de acuerdo en un plazo tan breve de tiempo. Tanto a los fascistas como a los comunistas de los diferentes países europeos les costó encajar y explicar este acuerdo a sus afiliados. Se les explicó que se trataba de un pacto contra las democracias burguesas y capitalistas occidentales. Los comunistas de Francia y de Gran Bretaña, siguiendo las directrices de sus partidos, boicotearán el alistamiento militar de sus afiliados una vez comenzado el conflicto. A los fascistas europeos les costará más aceptarlo, aunque por miedo a ofender a Alemania moderarán sus críticas. El día 25, Hitler comentó al embajador británico en Alemania que la firma de este acuerdo alteraba el equilibrio internacional y que los intereses de Alemania en Polonia deberían ser reconocidos por Reino Unido, que, en contra de lo acostumbrado, dejo por fin su política de apaciguamiento a un lado y respondió firmando un tratado de asistencia mutua con Polonia. La invasión de Polonia, planeada inicialmente para el día 26, fue aplazada por este motivo.

El 31 de agosto de 1939, los alemanes lanzaron la Operación Abuela Fallecida, organizada por el brazo derecho de Himmler, Reinhard Heydrich, en la que el servicio secreto de las SS simuló un ataque polaco a un puesto aduanero alemán y a la emisora de radio de un pueblo cercano a la frontera, retirándose después tras dejar algunos cadáveres de prisioneros de un campo de concentración vestidos con uniformes del ejército polaco. La consecuencia inmediata fue la invasión alemana de Polonia, desde la frontera oeste, el 1 de septiembre de 1939. Dos días después, Reino Unido y Francia, convencidos de la inutilidad de su política de apaciguamiento frente la agresividad de la política exterior nacionalsocialista, declararon la guerra a Alemania.

Las tropas polacas, inferiores en número a las germanas –que usaron la conocida como guerra relámpago o *Blitzkrieg*–, fueron finalmente vencidas ante la falta de ayuda de sus aliados británicos y franceses y a causa del oportunismo de la Unión Soviética, que, con el pretexto de proteger a la población polaca del avance nazi, iniciaría el 17 de septiembre de 1939 su propia invasión del territorio polaco. La Segunda República Polaca, impotente ante esta doble agresión, rendiría las últimas unidades de su ejército el 6 de octubre. Su territorio fue incorporado al dominio de alemanes y soviéticos, iniciándose un terrible periodo de su historia que supondría una brusca caída en el nivel de vida, especialmente el de los judíos. Se calcula que un 20 % de los ciudadanos polacos murieron desde la ocupación hasta el final de la Segunda Guerra Mundial, aunque esa es ya otra triste historia.

Gran Bretaña y Francia: el apaciguamiento

ALBERTO DE FRUTOS
PERIODISTA Y ESCRITOR

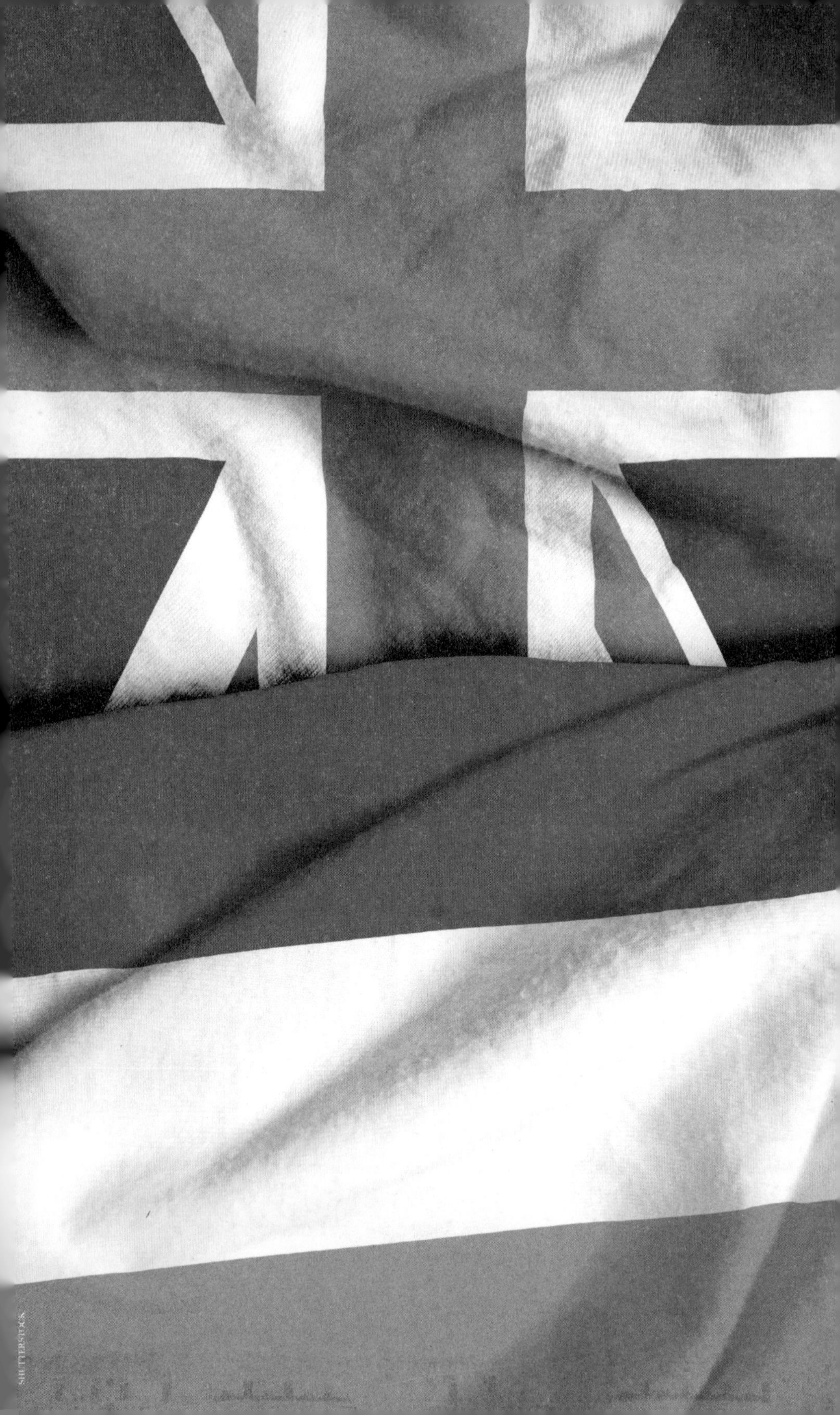

SHUTTERSTOCK

Desde que el Tercer Reich se asomó al libro negro de la historia en 1933 hasta la invasión de Polonia en 1939, Inglaterra y Francia se acostumbraron a mirar para otro lado. Cuando afrontaron la realidad de los hechos –el expansionismo germano y su búsqueda del «espacio vital», su feroz nacionalismo y su cruel antisemitismo–, era ya demasiado tarde.

La política de apaciguamiento defendida por el primer ministro de Gran Bretaña, Neville Chamberlain, y apoyada por su homólogo francés, Édouard Daladier, solo sirvió para cebar a una bestia insaciable. Los Acuerdos de Múnich de 1938, el signo más evidente de esa claudicación, han pasado a la historia por la bajeza moral que supuso desmembrar la República Checoslovaca para resolver la crisis de los Sudetes en beneficio exclusivo de Alemania, pero lo cierto es que las cesiones venían de lejos.

El predecesor de Chamberlain en el 10 de Downing Street, Stanley Baldwin, tampoco hizo nada para contener la tentación totalitaria en Europa. Su gobierno y el del primer ministro galo Pierre Laval firmaron un pacto secreto con Mussolini aceptando la partición de Abisinia y la creación de una colonia italiana en el territorio. La opinión pública, escandalizada, atajó la iniciativa, pero se demostró que el interés –general o particular– prevalecería sobre los principios de una maltrecha Sociedad de Naciones que ya se había pronunciado contra Italia.

Poco después, en junio de 1935, el acuerdo naval anglo-germano autorizó la creación de una flota de guerra alemana, la *Kriegsmarine*, siempre que su tonelaje no sobrepasara el 35 % del de la Royal Navy.

El acuerdo traicionaba el espíritu del Tratado de Versalles y zahería el orgullo de Francia, que se enteró de la noticia por los periódicos, como aquel que dice.

Un año más tarde, la crisis de Renania confirmó el embotamiento de unos –los de siempre– y la insolencia de quienes no estaban dispuestos a «retroceder ante ninguna potencia ni ante ninguna violencia para restablecer el honor de nuestro pueblo». Cuando Hitler despachó hacia esa región a orillas del Rin a tres regimientos de infantería con el fin de remilitarizarla, lo hizo consciente de que estaba asaltando el orden de Versalles, ya que no había pedido permiso a Francia y Bélgica, países fronterizos con Renania, para desplazar a sus tropas. Francia justificó su silencio exagerando las cifras del despliegue militar germano, que, en realidad, se redujo a unos treinta mil hombres. ¿Merecía la pena ponerse bravos o era mejor pasar página? Checoslovaquia y Polonia se ofrecieron a secundar a Francia en su respuesta, pero la tesis del apaciguamiento se impuso de nuevo, y Hitler interpretó su «victoria» de la única manera posible: si nadie le paraba los pies, él seguiría moviéndose a sus anchas por el tablero de la pusilánime Europa.

Así lo hizo otra vez en marzo de 1938, cuando la *Anschluss* convirtió a la Primera República de Austria en la Marca Oriental del Tercer Reich, tras insufribles presiones por parte del régimen nazi contra los gobiernos que habían velado por su independencia. Significativamente, el ministro de Exteriores alemán, Joachim von Ribbentrop, informó a los suyos de que Gran Bretaña no se inmiscuiría en ese asunto. Y, en efecto, más allá de alguna protesta inofensiva, Chamberlain no permitió que la anexión cambiara el rumbo de su política (obviando que, en 1935, la coalición de Stresa había comprometido a su país, a Francia y a Italia en la autonomía de Austria).

El acercamiento de Chamberlain a Italia fue aún más descarado.

ASC

El tres veces primer ministro del Reino Unido Stanley Baldwin (1867–1947) en torno a 1920.

ASC

Benito Mussolini en 1930.

En un contexto marcado por la fragilidad del frente europeo, los desequilibrios en el Mediterráneo y las tensiones en Oriente, el primer ministro suscribió con el régimen de Mussolini los Acuerdos de Pascua en abril de 1938, con la intención de alejar a Italia de la órbita de influencia alemana. La consecuencia más visible de ese acercamiento fue la dimisión de Anthony Eden, su secretario de Exteriores, reacio a esas componendas con dictadores. A la hora de la verdad, el Pacto de Acero, firmado en mayo de 1939 entre los ministros de Exteriores Galeazzo Ciano y Joachim von Ribbentrop, uniría los destinos de Italia y Alemania en los primeros compases de la Segunda Guerra Mundial.

Estos ejemplos constatan la falta de firmeza de los tradicionales aliados y explican el rearme progresivo de la Alemania nazi y la creciente arrogancia de la Italia fascista. En 1935, Alemania incrementó el número de sus efectivos hasta los 550 000; dos años más tarde, su gasto militar era el mayor del mundo y, en septiembre de 1939, equivalía ya a la suma de Gran Bretaña, la Unión Soviética y Francia juntas.

Hoy leemos los libros de historia como un catálogo razonado de causas y consecuencias, pero, en los años treinta del pasado siglo –igual que ahora–, el futuro no estaba escrito. Aunque los síntomas delataran una enfermedad letal, muchos preferían creer que los horrores de una guerra a gran escala habían sido conjurados, para siempre, en 1918, y achacaban su inacción a la crisis económica que había golpeado el mundo tras el crac del 29.

En esa coyuntura, los más agoreros, como Winston Churchill, resultaron ser los más sensatos. Frente a los parches que pretendían camuflar los rotos del traje europeo, él se negó a secundar esa alianza contra natura entre civilización y barbarie. Si en 1935 cuestionó el rearme naval de Alemania, en 1938 se opuso a la anexión de Austria y advirtió a Von Ribbentrop de que Inglaterra no se desentendería de los asuntos del continente. Su pueblo, le espetó, se uniría, como en anteriores ocasiones, para defender la causa más justa.

El gobierno checoslovaco tampoco se llamaba a engaño y su alerta resuena con más fuerza si recordamos cómo fue zanjada la crisis de los Sudetes en 1938, con el ominoso aval de los gobiernos británico y francés. Ante la amenaza de una invasión militar, los Acuerdos de Múnich entregaron al Moloch del Tercer Reich un territorio de unos 25.000 km^2, en el que residía una mayoría alemana –ciertamente, los alemanes constituían el segundo grupo étnico de Checoslovaquia, con el 22 % de su población total– que se había integrado en las fronteras del flamante Estado por el Tratado de Versalles.

La crisis de los Sudetes llevó a Europa al borde del abismo. El gobierno del presidente Edvard Beneš, asediado por el Partido Alemán de los Sudetes de Konrad Henlein y por el aparato de propaganda del ministro del ramo Joseph Goebbels, soportó la presión como pudo y llegó a ordenar la movi-

Fotografía de Winston Churchill tomada por Yousuf Karsh en 1941, National Portrait Gallery.

ASC

lización de sus tropas el 23 de septiembre. Sobre el papel, Francia habría tenido que intervenir en caso de que Alemania atacara a Checoslovaquia y Rusia debería haber seguido a Francia. Pero Beneš sabía que Daladier, bien instruido por Chamberlain, rescindiría los compromisos previos.

La reunión en el *Führerbau* de Múnich, hoy la Escuela Superior de Música y Teatro, fue bochornosa, tal como ha consignado P. E. Caquet en su reciente libro *Campanadas de traición* (Galaxia Gutenberg). Los representantes de Checoslovaquia no solo no tuvieron voz ni voto en el acuerdo, sino que fueron retenidos en un hotel, custodiados por la policía, mientras Chamberlain y Daladier vendían los Sudetes, a precio de saldo, a Alemania. Solo cuando los «socios» de Beneš estamparon su firma en el documento, se dignaron a informar a los damnificados, entre bostezos, del resultado del acuerdo.

Simpatía por el diablo

La incuestionable debilidad de Gran Bretaña y Francia ante la tiranía del Tercer Reich ha sido explicada de múltiples maneras. El recuerdo de la carnicería de la Gran Guerra todavía seguía fresco, Francia estaba sumida en un pozo sin fondo a nivel político, económico y social –que explicaría, en buena medida, el rápido colapso de la Tercera República en mayo de 1940– y la contribución de los países de la *Commonwealth* se consideraba dudosa a ojos de la metrópoli.

Pero, además, había muchos dirigentes y personalidades –no solo Eduardo VIII o el fundador de la Unión Británica de Fascistas, Oswald Mosley– y, por ende, muchos ciudadanos de a pie que confraternizaban con el régimen nazi o que, en todo caso, lo preferían a la Unión Soviética de Stalin. En 1938, Chamberlain viajó tres veces a Alemania para dialogar con Hitler, pero «ni siquiera contempló la posibilidad de coger un avión con destino a Moscú» y rechazó la propuesta de una alianza que hubiera hermanado a soviéticos, franceses e ingleses contra el enemigo común, tal como narra Niall Ferguson en *La guerra del mundo* (Debate).

La sensación de buena parte de la opinión pública era que el Tratado de Versalles había sido muy duro con Alemania y que las reivindicaciones territoriales del país no estaban tan fuera de lugar. Lord Lothian, uno de los adalides de la política de apaciguamiento y embajador en Estados Unidos entre 1939 y 1940, interpretó así el pálpito de su pueblo en una carta a Anthony Eden, el secretario de Exteriores, fechada el 3 de junio de 1936: «La opinión pública británica, con su sagacidad tradicional, siente que Alemania aún no ha tenido justicia, aunque mucha gente en las altas esferas no reconozca la fuerza de sus demandas».

La historia contrafactual resulta muy dolorosa en este caso, pero es justo preguntarse: «¿Qué habría pasado si...?». En 1938, el ejército alemán distaba mucho de ser la maquinaria perfecta que dejaría al mundo sin aliento con la *Blitzkrieg* de Polonia o la invasión de Francia. En abril, contaba con veintisiete divisiones y la capacidad de articular dieciocho más, y sus planes de guerra pasaban por desplazar treinta y siete divisiones a la frontera, dejando prácticamente desprotegido su flanco oeste. Entre tanto, el ejército checoslovaco se beneficiaba de un presupuesto anual para defensa que oscilaba entre el 15 y el 20 %. Disciplinado y bien entrenado, con peores mandos que el enemigo pero mejores tropas, disponía de diecisiete divisiones de infantería y cuatro divisiones móviles.

La movilización del 23 de septiembre puso sobre el tapete su potencial (y también sus deficiencias en el aire), por lo que, si Francia y Gran Bretaña no se hubieran bajado los pantalones ante Alemania y Rusia hubiera respaldado a Francia, Checoslovaquia podría haber liderado una respuesta solvente para zanjar la depredación nazi, meses antes de que estallara la guerra.

En lugar de eso, las potencias le siguieron el juego a Hitler, que aseguró que aquella sería su última reclamación territorial. Beneš renunció a su cargo y partió al exilio, y Checoslovaquia quedó a expensas de un régimen que completaría la violación de su territorio el 15 de marzo de 1939. Aquel día las tropas alemanas cruzaron la frontera y allanaron la proclama de Hitler desde el Castillo de Praga, por la que instituía el Protectorado de Bohemia y Moravia. De la noche a la mañana, con el solo recurso de la intimidación, Alemania pasaba a controlar las fábricas siderúrgicas y de vehículos y armamento de la rica Checoslovaquia, se hacía con sus instalaciones militares y dotaba a la *Wehrmacht* de un valiosísimo botín de guerra.

La «paz para nuestro tiempo» que Chamberlain vendió a su pueblo tras los acuerdos de Múnich, y que su pueblo celebró exultante en las calles, insensible a la suerte de aquel «país lejano» y de

Edvard Beneš en 1919. Su presidencia de Checoslovaquia (1935-1948) fue interrumpida por la ocupación nazi (1938 y 1945).

GETTY

Construcción del timón del trasatlántico francés Normandie (1935) en una fábrica de la empresa checa Skoda. Tras la ocupación (1939), toda su producción se destinaría al bando alemán.

unas «gentes de las que nada sabemos», tuvo su réplica en la Cámara de los Comunes el 5 de octubre, cuando Churchill tomó la palabra y previno a quien quisiera escucharlo: «Esto no es más que el primer sorbo, el primer anticipo de una copa amarga que nos ofrecerán año tras año (...). Os dieron a elegir entre el deshonor y la guerra; elegisteis el deshonor, y ahora tendréis la guerra».

¿Quedaba alguien tan cándido, en los primeros meses de 1939, que creyera posible evitar la guerra? ¿Qué más hacía falta para cancelar esa política de apaciguamiento que tanto daño había hecho ya a la causa de la libertad y la justicia en Europa?

Lo cierto es que los atropellos no cesaron tras la ocupación de Checoslovaquia. El 20 de marzo, Alemania lanzó un ultimátum a Lituania para que le cediera la región de Klaipeda (Territorio de Memel), lo que fue ignorado por Gran Bretaña y Francia. A su vez, el 12 de abril, el *Regio Esercito Italiano* cumplió con otro de los sueños imperialistas de Mussolini ocupando Albania en apenas cinco días y poniendo fin a la monarquía de Zog I, que partió, exiliado, a Londres.

Entonces, Polonia se perfiló en el corazón de la diana. La Ciudad Libre de Danzig, una ciudad-Estado creada en 1920 en Gdansk, que antes había pertenecido al Imperio alemán y sobre la que Polonia ejercía entonces una suerte de protectorado, fue el pretexto de Hitler para lanzar su última reivindicación irredentista, con la que pretendía obtener una salida al mar para su país. En un discurso pronunciado en el *Reichstag* el 29 de abril de 1939, volvió a cargar contra el Tratado de Versalles y arguyó que Danzig era «una ciudad alemana» que deseaba «pertenecer a Alemania». Como de costumbre, este lobo con piel de cordero exhibió su cara pública más amable y señaló que «la solución pacífica de este problema» sería «una contribución más a la relajación definitiva de la tensión europea».

A esas alturas, el Führer ya no engañaba a nadie, pero el destino de los países del este seguía resultando trivial para las cancillerías británica y francesa. Aun así, Gran Bretaña se posicionó claramente contra las exigencias germanas, y el 31 de marzo empeñó su palabra en la defensa de Polonia si esta era atacada, aunque, hasta el último momento, mantuvo abierta la puerta de la negociación.

Tal como ha expuesto A. J. Prazmowska, los polacos fueron abandonados a su suerte hasta septiembre, cuando el enemigo ya estaba a las

La Guerra Civil española, una muesca más en la culata

Francia fue quien concibió el Comité de No Intervención que, en 1936, acabó reprimiendo el apoyo de tantas naciones a la causa republicana durante la Guerra Civil española. Concretamente, el gobierno del socialista Léon Blum, que contó con el apoyo de Gran Bretaña, en otro ejemplo más de lo que significó la política de apaciguamiento.

En un contexto tan volátil como el de los años treinta, el propósito era evitar que el conflicto español se internacionalizara y el laboratorio peninsular hiciera saltar en pedazos el orden del continente. Veintisiete Estados acordaron que se abstendrían «rigurosamente de toda injerencia, directa o indirecta, en los asuntos internos» de España, pero, como sabemos, Alemania, Italia y Portugal apoyaron desde el principio al bando sublevado y, a partir de octubre de 1936, la Unión Soviética hizo lo propio con el republicano, que costeó el envío de cientos de aviones, carros de combate y piezas de artillería con las reservas de oro del Banco de España.

El Comité de No Intervención nunca vio con buenos ojos la presencia de voluntarios en las filas de las Brigadas Internacionales, promovidas por el Partido Comunista francés, y, de hecho, porfió para que abandonaran el terreno cuanto antes, lo que finalmente sucedió en octubre de 1938, cuando el resultado de la Guerra Civil ya estaba sentenciado por el fracaso (inminente) de la ofensiva del Ebro.

Sir Robert Vansittart, primer consejero diplomático del Foreign Office, afirmó, en enero de 1939: «El curso entero de nuestra política de No Intervención –que en realidad, como todos sabemos, operó de un modo completamente partidista– ha estado favoreciendo la victoria de Franco». Esa propensión no parecía incomodar a nadie en su país, receloso de la deriva revolucionaria que se había atribuido al Frente Popular en 1936.

GETTY

Tras la entrada de tropas alemanas en la región lituana de Memel –en marzo de 1939–, un trabajador cambia el nombre de una calle principal por el de Adolf Hitler.

puertas, y no recibieron ningún tipo de ayuda para arrostrar el peligro. En agosto de 1939, mientras llegaban los primeros informes a Londres sobre la movilización germana, Neville Chamberlain se dedicaba a pescar en Lairg, Escocia, y se planteaba si prolongar unos días más sus vacaciones.

Por su parte, el 19 de mayo, los generales Maurice Gamelin y Tadeusz Kasprzycki, en representación francesa y polaca, respectivamente, firmaron otro acuerdo militar por el que, en caso de guerra, Francia pondría sus recursos de tierra y aire al servicio de Polonia y lanzaría una gran ofensiva contra Alemania en un plazo máximo de quince días. A pesar de las buenas palabras, lo único que los emisarios polacos encontraron, durante esas visitas a Londres y París, fueron mucha cicatería y no pocos gestos simbólicos y vacíos de contenido. En palabras de la profesora Prazmowska, «la garantía británica a Polonia fue solo una respuesta emocional ante el rápido avance de la agresión alemana en marzo de 1939. No se basó en ninguna unidad de propósito, ni en una planificación conjunta, ni en una perspectiva común entre ambos países».

Y lo mismo cabría decir de los acuerdos con otras naciones. Cuando el 13 de abril Gran Bretaña y Francia incluyeron a Rumanía en su abrazo protector y le garantizaron su independencia, nadie apostaba ya por el coraje de ambos para defender las fronteras de un país que, ante todo, les interesaba por sus yacimientos petrolíferos y su proximidad a Polonia.

La política de apaciguamiento pesaría sobre las conciencias de sus principales valedores. Chamberlain, que fue propuesto al Nobel de la Paz en 1939, dejó de ser el hombre que su país necesitaba en mayo de 1940. Tras presentar su renuncia al rey, se puso detrás de su «nuevo líder», Winston Churchill, que lucharía y trabajaría para desarmar y derribar a esa «bestia salvaje» que había surgido «de su guarida sobre nosotros». Su muerte, en noviembre de 1940, le privó de conocer la salvación del imperio y de la humanidad en 1945.

Édouard Daladier arrancó a Gran Bretaña un «compromiso continental» que implicaba el apoyo mutuo de ambas potencias, unidas por una inquebrantable solidaridad de intereses, en caso de guerra. Pero, al igual que su socio, falló a la hora de responder a las fuerzas alemanas que arrasaron Polonia. Tras la declaración de guerra del 3 de septiembre, Gran Bretaña se limitó a arrojar octavillas sobre las ciudades alemanas para que se levantaran contra sus dirigentes y, naturalmente, Francia no se atrevió a atacar la línea Sigfrido. Empezaban así los meses de la *Phoney War* británica o la *Drôle de Guerre* francesa –la Guerra de Broma–, última pieza del abyecto puzle del apaciguamiento.

Volviendo a la historia contrafactual, el general alemán Alfred Jodl siempre se preguntaría el por qué de esa conducta: «Si en 1939 no nos hundimos fue debido solo a que, durante la campaña de Polonia, las ciento diez divisiones francesas y británicas del frente occidental se mantuvieron completamente inactivas frente a las veintitrés divisiones alemanas».

Fall Weiss

José Luis Hernández Garvi
Escritor y divulgador

GETTY

Los primeros planes alemanes sobre una campaña militar contra su vecino en el Este contemplaban tanto una operación menor para tomar el corredor de Pomerania y Danzig como una invasión a gran escala. La movilización de las fuerzas polacas a raíz de la ocupación alemana de Checoslovaquia hizo descartar el golpe de mano por sorpresa contra Danzig e inclinarse por la segunda opción. Tomada esta decisión, Hitler ordenó al OKH *(Oberkommando des Heeres)*, Alto Mando del Ejército, que preparase meticulosamente un plan que recibió el nombre en clave de *Fall Weiss* (Caso Blanco).

A la hora de diseñar el marco de las operaciones, el objetivo principal de los generales alemanes era conseguir la destrucción rápida y completa del ejército polaco antes de que las potencias occidentales pudieran reaccionar en su ayuda. Asegurada la ocupación del territorio enemigo, podrían trasladar sus fuerzas al oeste para hacer frente a una tardía intervención francesa y británica. La premisa era embolsar al grueso del ejército polaco entre los ríos Vístula y Narew, en un clásico movimiento de pinza lanzado desde Prusia y Silesia.

Las fuerzas alemanas destinadas a la campaña en Polonia se dividieron en los Grupos de Ejércitos Norte y Sur. El *Generaloberst* Gerd von Rundstedt, veterano militar prusiano que había iniciado su carrera como oficial en la Primera Guerra Mundial, había ayudado a planificar *Fall Weiss* y

Vista aérea del ataque de la *Luftwaffe* alemana a la ciudad de Bialystok, durante la invasión de Polonia en septiembre de1939.

GETTY

La ciudad de Kołobrzeg, en la provincia de Pomerania (nordeste de Alemania), en 1930.

estaba al mando del Grupo de Ejércitos Sur, la más poderosa de las grandes unidades alemanas. El *Generaloberst* Fedor von Bock, discípulo aventajado de von Rundstedt, asumió el mando del Grupo de Ejércitos Norte.

Según el plan previsto, el asalto principal se lanzaría desde Silesia hacia el noreste, con Varsovia como objetivo principal. La mayor preocupación de von Rundstedt era el Octavo Ejército alemán, que debía cubrir el flanco norte mientras se avanzaba por Pomerania. Esta fuerza estaba compuesta por unidades de reciente creación, con tropas sin experiencia en combate que no se sabía cómo se iban a comportar en el momento de entrar en acción. El Grupo de Ejércitos Sur estaría apoyado por un ataque lanzado desde la frontera eslovaca contra las tropas polacas acantonadas en Galitzia.

La misión de las divisiones bajo el mando de von Bock era avanzar a través de Pomerania hasta enlazar con el territorio de Prusia Oriental. Con sus fuerzas en posición, debía marchar hacia el sur en dirección a Varsovia. Al llegar a las proximidades de la capital se debía lanzar un ataque a lo largo de la orilla occidental del Vístula. Sobre el papel, los movimientos del Grupo de Ejércitos Norte parecían fáciles de ejecutar, pero en el campo de batalla sus tropas debían salvar obstáculos naturales como los tupidos bosques a lo largo de la frontera prusiana o grandes extensiones de agua.

La movilización y despliegue de las fuerzas alemanas implicadas en la invasión se hizo en el más absoluto secreto para no comprometer las negociaciones diplomáticas que Berlín emprendió durante el mes de agosto de 1939 con el objetivo de tantear las posibles reacciones de los aliados de Polonia y extender una cortina de humo sobre sus verdaderas intenciones.

La primera fase del despliegue de unidades comenzó a finales de junio ,con el discreto traslado de nueve divisiones a la frontera polaca. En una segunda fase, iniciada a principios de agosto, otras trece divisiones ocuparon posiciones en el este con la excusa de que iban a realizar las habituales maniobras de verano en el sector de Prusia Oriental. El siguiente despliegue se inició el 19 de agosto y en él participaron todas las unidades que podían ser movilizadas en el plazo de unos días para acudir rápidamente hasta la frontera polaca. El plan previsto era que todas las fuerzas comprometidas estuvieran en sus puestos el 25 de agosto, víspera del inicio de las operaciones previas a la invasión.

La información con la que contaba el OKH sobre el despliegue del ejército polaco no estaba actualizada, en un exceso de confianza que contra-

Adolf Hitler abandona su avión durante la campaña polaca, en 1939. Junto a él, soldados de la *Luftwaffe*.

AGE

GETTY

Varsovia, 1 de septiembre de 1939. De izda. a dcha.: el mariscal Walther von Brauchitsch, Adolf Hitler, los coroneles generales Erhard Milch y Gerd von Rundstedt, el comandante del OKW, Wilhelm Keitel, y el teniente general Friedrich Ernst von Cochenhausen.

dice la creencia generalizada en la exhaustiva y meticulosa preparación germánica. Las razones que explican este descuido podemos encontrarlas en un negligente trabajo de recopilación de datos por parte de la comunidad de inteligencia alemana y en la convicción de que el ejército polaco no iba a ser rival para las divisiones panzer. Estos errores no tuvieron excesiva trascendencia en la campaña polaca, pero sí se pusieron dramáticamente de manifiesto cuando en 1941 le tocó el turno a la URSS.

Ante el convencimiento de que, tarde o temprano, los alemanes hollarían territorio polaco, sus generales barajaron varias estrategias para defender sus fronteras. En un primer momento decidieron aprovechar la línea formada por las viejas fortificaciones de la antigua frontera rusa levantada a lo largo de las riberas de los ríos Biebrza, Narew, Vístula y San. Al analizar sus ventajas e inconvenientes, contaba a su favor con que ya estaba construida y podía servir como formidable bastión para rechazar un ataque en profundidad; en contra, su situación dificultaba la pronta llegada de las tropas movilizadas. Además, al estar situada tan al este iba a permitir el avance alemán por el interior del país sin apenas encontrar oposición. En este supuesto, el enemigo podía optar por tomar el corredor de Pomerania en lo que sería un desfile militar.

La otra posibilidad era situar el grueso de las fuerzas polacas muy por delante de las líneas marcadas por el curso de los ríos, cerca de la frontera occidental. Como se calculaba que la movilización total del ejército se completaría en unos quince días, se esperaba que este frente pudiera frenar el avance alemán mientras se ganaba tiempo para completar el resto de unidades desplegadas en el interior del país. Al mismo tiempo, se procedería al repliegue ordenado hacia el este con el propósito de prolongar una guerra de desgaste, que fuera minando la moral alemana.

Finalmente, el estado mayor polaco se decantó por el segundo plan, con la confianza puesta en que franceses y británicos declararían la guerra a Alemania y atacarían desde el oeste. Sin embargo, adolecía de graves defectos que nadie pareció tener en cuenta. La extensión de la línea del frente obligó a las divisiones de infantería a dilatar su despliegue sobre el terreno, lo que debilitó su capacidad defensiva: en caso de ser atacadas no podrían oponerse a la movilidad alemana, que, con sus unidades de carros de combate, las superarían para rodearlas después en grandes bolsas.

Un soldado nazi en un puesto fronterizo polaco. La línea de demarcación fue acordada entre alemanes y soviéticos el 20 de septiembre de 1939.

GETTY

En la imagen, el nuevo puente peatonal sobre el río Vístula construido en septiembre de 1939, en solo dos días, por la unidad de ingenieros alemanes. Al fondo se ve el puente destruido.

A la falta de fuerzas para establecer una línea que se extendiera en profundidad, los estrategas polacos tampoco tuvieron en cuenta el grado de mecanización y motorización alcanzado por la *Wehrmacht*, que en combinación con otras armas le otorgaba una gran velocidad sobre el campo de batalla, muy superior a la capacidad de reacción que podían oponerles. Este cambio de doctrina, columna vertebral de la guerra moderna, dejaba obsoleta cualquier estrategia defensiva que estuviera basada en una guerra de posiciones estáticas que demorase el avance enemigo.

La firma del Pacto Ribbentrop-Molotov, el 26 de agosto de 1939, arrojó a Polonia a los pies de los caballos. Aun así, sus mandos militares siguieron dudando sobre la posibilidad de que la URSS emprendiese acciones militares contra su territorio. Teniendo en cuenta este principio, el ejército polaco no tomó medidas ni adoptó cambios para hacer frente a una agresión soviética. Tampoco contaba con los medios humanos ni materiales para hacerlo, por lo que dejó sus lindes orientales protegidos por unas pocas unidades de la guardia fronteriza.

Según el plan, la invasión alemana debía comenzar el 26 de agosto de 1939. Las unidades implicadas habían empezado a desplazarse hacia sus posiciones de partida la tarde anterior. Sin embargo, el anuncio de la firma del pacto de seguridad anglo-polaco la tarde del 25 de agosto hizo dudar a Hitler en el último momento. Ante las consecuencias políticas y militares que podían derivarse del acuerdo, se ordenó posponer el ataque hasta nueva orden mientras se mantenían conversaciones con Italia para valorar la situación. Sin embargo, hubo descoordinación a la hora de transmitir el cambio de planes y algunas unidades alemanas no fueron informadas, lo que dio lugar a algunos incidentes fronterizos. Mientras tanto, aviones de la *Luftwaffe* siguieron realizando vuelos de reconocimiento a gran altura que los anticuados aparatos de la fuerza aérea polaca no podían interceptar.

La actividad militar alemana en la frontera era signo evidente de un ataque y el mariscal Rydz-Smigly, comandante en jefe polaco que había forjado su prestigio en la guerra ruso-polaca de 1920, ordenó la movilización general el 30 de agosto. La decisión no fue del agrado de Francia y Gran Bretaña, que temían que este gesto de las autoridades polacas fuese interpretado por los alemanes como una provocación que les llevase a una situación parecida a la que desembocó en el estallido de la Primera Guerra Mundial. Antes las presiones recibidas, el gobierno polaco aceptó paralizar la movilización que había ordenado, con la única esperanza de que el compromiso de franceses y británicos pudiera hacer desistir a Hitler de la invasión.

Un Panzer o *Panzerkampfwagen* (vehículo de combate blindado) modelo III. Museo de Tanques francés (Saumur).

SHUTTERSTOCK

El Plan Z de los polacos

A principios de 1939, el estado mayor polaco había desempolvado sus planes de contingencia trazados en 1936 para hacer frente a una potencial guerra contra Alemania. Para compensar la evidente inferioridad de sus fuerzas armadas, los servicios de inteligencia polacos habían realizado un gran esfuerzo recopilando información e interceptando comunicaciones que les permitieran anticiparse a los acontecimientos y reducir así esa ventaja alemana. Como resultado de una brillante labor de sus agentes, los polacos habían logrado descifrar el sistema de codificación táctico de la máquina Enigma, lo que les permitía conocer los mensajes alemanes cifrados mediante este sistema. Sin embargo, con las mejoras introducidas en la Enigma, en el verano de 1939, ese valioso canal de información se interrumpió. Aunque habían tenido tiempo de hacerse una idea bastante aproximada de las operaciones y el despliegue táctico previsto por los alemanes.

En marzo de 1939, el estado mayor polaco presentó el llamado Plan Z (de *Zachod,* 'Oeste'), que estimaba que Alemania movilizaría más de un centenar de divisiones en el momento de producirse la invasión. Setenta se emplearían directamente contra Polonia y el resto para frenar una posible reacción de las potencias occidentales. El documento, revisado después de los sucesos de Checoslovaquia, previó acertadamente que el ataque principal alemán vendría desde Silesia y avanzaría hacia el sureste.

En su intento por sumar aliados, las autoridades militares polacas se pusieron en contacto con el estado mayor francés para compartir información y coordinar posibles acciones conjuntas que obligasen a los alemanes a replantearse la campaña. Los generales galos tuvieron conocimiento del Plan Z pero, a la hora de la verdad, ocultaron su falta de previsión con declaraciones de buenas intenciones, vacías de contenido, que lo único que consiguieron fue transmitir la falsa idea de que, de producirse la invasión de Polonia, reaccionarían con contundencia.

El 31 de agosto de 1939, la situación era tan crítica en la frontera que Rydz-Smigly ordenó de nuevo la movilización general. En el ínterin se había perdido un tiempo precioso que fue aprovechado por los alemanes para engrasar su maquinaria bélica y atacar con todos sus efectivos, mientras el estado mayor polaco apenas disponía del 65 % de sus fuerzas, con el resto de los reservistas de su ejército intentando incorporarse a sus unidades. Ese mismo día, Hitler firmó la Directiva de Guerra Número 2 en la que se detallaban las órdenes a seguir para llevar a cabo la invasión, así como la fecha y hora del ataque. Los mensajes fueron entregados en mano a sus destinatarios, que las recibieron doce horas antes de ponerse en marcha. La suerte de Polonia estaba echada.

Fall Weiss debía comenzar con precisión germana a la 04:45 horas del 1 de septiembre de 1939. Sin embargo, las acciones de guerra se adelantaron un poco al horario previsto. Hacia las 04:00 el viejo acorazado alemán *Schleswig-Holstein,* que estaba de visita de «buena voluntad» anclado en el exterior del puerto de Danzig, abrió fuego con sus cañones contra la península de Westerplatte, posición que los polacos habían reforzado con la construcción de defensas y fortines de hormigón. Su pequeña guarnición, formada por dos centenares de soldados, resistió heroicamente durante una semana los intensos bombardeos navales y aéreos alemanes.

El Grupo de Ejércitos Sur de von Rundstedt, punta de lanza del avance alemán con los ejércitos Octavo y Décimo en vanguardia se encontró con más dificultades de las previstas. Sus unidades debían abrirse paso a través de los Ejércitos Lodz y Krakov polacos, cruzar el curso del río Warta, y envolver a las unidades enemigas a lo largo de la frontera para tras destruirlas dirigirse hacia Varsovia Los alemanes se encontraron con una enconada resistencia en los alrededores de Mokra que ralentizó el que se había previsto como vertiginoso avance. La falta de experiencia en la coordinación entre las diferentes armas que debían llevar a cabo la *Blitzkrieg* o «

'Guerra Relámpago', también perjudicó la marcha de las operaciones. Los polacos supieron aprovechar esta pequeña ventaja y pusieron apuros a los tanques alemanes, entre los que causaron importantes bajas. Superados estos problemas iniciales, los panzers marcharon imparables.

El buque de entrenamiento alemán *Schleswig-Holstein* bombardeando las fortificaciones polacas de Westerplatte, el 2 de septiembre de 1939.

GETTY

GETTY

Hitler visitando a las fuerzas alemanas de la *Wehrmacht* en Polonia, en septiembre de 1939. Se le ve sobre una colina que domina la zona de guerra entre Lodz y Varsovia.

En el aire, los aviones de la *Luftwaffe* se emplearon a fondo en conseguir la superioridad aérea sobre el enemigo. En consecuencia, durante las primeras horas de la invasión, los pilotos alemanes se lanzaron como enjambres enfurecidos contra los aeródromos polacos para destruir al mayor número de aparatos en tierra. Sin embargo, también se encontraron con dificultades imprevistas. Ante la inminente invasión, los aviadores polacos habían dispersado sus aviones por pistas improvisadas, lo que hacía más difícil su localización. Además, contaron a su favor con la meteorología: una persistente niebla limitó durante las primeras horas las operaciones de las aeronaves alemanas. Esta medida desesperada resultó al final contraproducente: su ubicación, alejada en muchos casos de la línea del frente, limitaba su capacidad de reacción, que también se veía ralentizada debido a la precariedad de las pistas y a la falta de personal técnico en tierra.

Uno de los mitos de la campaña es que la aviación polaca fue neutralizada en sus bases, sin llegar a despegar, cuando en realidad no fue así. Al final, la *Luftwaffe* sólo destruyó en tierra dos docenas de aparatos, aunque consiguió dañar un número mucho mayor. Al margen de los combates aéreos, el grueso de las operaciones de los pilotos alemanes se concentró en el apoyo táctico a las unidades de infantería y carros de combate, donde perfeccionó una técnica que causaría el terror en los campos de batalla europeos de la Segunda Guerra Mundial.

El estado mayor polaco fue sobrepasado por la magnitud y rapidez con la que se desarrolló la invasión alemana. Sus generales se apresuraron a dictar órdenes, en muchos casos confusas y contradictorias, tendentes a organizar una defensa que, ante la marcha de los acontecimientos, se presagiaba inútil. La resistencia ante el avance de las divisiones panzer sobre la ciudad de Piotrkow causó importantes bajas en las filas alemanas, pero la descoordinación entre las unidades polacas y la indecisión de sus mandos impidió sacar provecho de una situación que se mostraba insostenible con el paso de las horas.

La caballería en Mokra

Esta bastante extendido el mito romántico de la caballería polaca cargando lanza en ristre contra el blindaje de los panzers alemanes. Sin embargo, la imagen que ha calado en la cultura popular difiere de lo que sucedió realmente. El episodio más conocido de un combate entre jinetes polacos y tanques enemigos tuvo lugar el primer día de la invasión, cuando la Brigada de Caballería Wolynska se enfrentó a la 4ª División Panzer en las proximidades de la localidad de Mokra. La batalla fue una demostración de la elevada moral con la que los polacos estaban dispuestos a defender su territorio y las limitaciones evidentes de la caballería en el campo de batalla moderno.

Sin embargo, a pesar de la imagen ampliamente difundida de los valerosos jinetes cargando en un ataque suicida, lo cierto es que el enfrentamiento en este sector tuvo las características de un violento combate sin concesiones a la leyenda. Desde sus posiciones, los polacos desmontados repelieron el ataque alemán con armas antitanques y el apoyo de un tren blindado con vagones artillados que abrió fuego a quemarropa contra los panzers enemigos que se aproximaban.

Después de una dura lucha en la que pagaron un alto precio en carros de combate destruidos, a primera hora de la tarde, las fuerzas alemanes consiguieron romper el frente polaco y llegar hasta la línea férrea. Los aviones de la *Luftwaffe* dieron buena cuenta del tren blindado mientras los panzers continuaron su avance. Atrás quedó el campo de batalla cubierto por los restos humeantes de los tanques reventados por el fuego de la artillería y los cuerpos de cientos de caballos muertos de sus jinetes derrotados.

En el sur, los alemanes habían roto las líneas enemigas y marchaban imparables en dirección a Cracovia. El avance principal desde Silesia era tan rápido que no daba tiempo a los polacos a retirarse. Muchas unidades quedaron aisladas. El plan desesperado de Rydz-Smigly era establecer una línea defensiva en la orilla occidental en el Vístula hasta que se produjese la intervención francesa en el oeste. Pero, a tenor de la marcha de las operaciones, el 7 de septiembre el mariscal se convenció de que los alemanes llegarían a Varsovia en el plazo de una semana.

GETTY

Una unidad motorizada alemana pasando por el devastado pueblo de Szczecow.
Fotografía tomada el 28 de septiembre de 1939.

Falsedades para justificar una guerra

PÉREZ CARDONA
ESCRITOR

SHUTTERSTOCK

La noche del 31 de agosto de 1939, una estación de radio situada en Gleiwitz, Alemania, instó a sus oyentes a alzarse en armas contra intereses germanos. El mensaje, emitido en idioma polaco, sonó entremezclado con ruidos de lucha y sonidos de disparos. Al día siguiente, cuando la Gestapo se personó en los estudios, halló el cuerpo sin vida de un hombre. Este incidente, unido a otros similares ocurridos en la franja fronteriza, formó parte de una operación de falsa bandera utilizada por Hitler para invadir Polonia.

El 1 de septiembre de 1939, Adolf Hitler se dirigió al plenario del *Reichstag* desde su tribuna oratoria. Reunidos en sesión extraordinaria, los parlamentarios escucharon el histórico discurso que justificó la reciente ofensiva desencadenada contra territorio polaco: horas antes, a las 4:40, una escuadrilla de aviones Stukas atacó unos puentes ferroviarios situados en Tczew mientras que ocho minutos más tarde el acorazado SMS *Schleswig-Holstein* abrió fuego contra la fortaleza de Westerplatte. Durante su alocución, el Führer señaló el carácter defensivo de estas acciones y acusó a Polonia de iniciar las hostilidades: «A las seis menos cuarto de esta mañana, las tropas alemanas empezaron a contestar al fuego polaco. Una bomba lanzada por los polacos será contestada con otra bomba». Tras escuchar a su líder, los diputados nacionalsocialistas abandonaron la cámara convencidos de la agresión foránea.

En realidad, el origen de la provocación había que buscarlo más cerca. En concreto, en los despachos de la Cancillería del Tercer Reich donde se urdió el monumental engaño que utilizó soldados alemanes para atacar intereses propios. Un estrategia destinada a anular el pacto de no agresión firmado en 1934 entre Konstantin von Neurath, ministro de Asuntos Exteriores germano y Jósef Lipski, embajador polaco en Berlín. La existencia de este acuerdo frenaba la política expansionista hitleriana al imponer la vía diplomática como única fuente resolutiva de conflictos: «Si surgieren disputas entre ellos y no se alcanzase un acuerdo mediante negociación bilateral, buscarán para cada caso particular y por mutuo acuerdo métodos pacíficos alternativos, sin renunciar a la posibilidad de utilizar si fuese necesario aquellos procedimientos establecidos por otros acuerdos entre las partes. En ninguna circunstancia, sin embargo, recurrirán al uso de la fuerza para lograr la resolución de tales desacuerdos».

Tras superar con éxito la *Anschluss* austríaca y la crisis de los Sudetes, Hitler centró su atención en Polonia. El Führer ansiaba recuperar Danzig, la ciudad-Estado arrebatada a Alemania al término de la Primera Guerra Mundial. Para el líder nazi, recobrarla se convirtió en una obsesión y, en marzo de 1939, reclamó su restitución al gobierno de Ignacy Mościcki. La negativa del presidente polaco no tardó en llegar y,

Ilustración de un JU87D Stuka, bombardero en picado de la Segunda Guerra Mundial.

SHUTTERSTOCK

SHUTTERSTOCK

Ruinas del cuartel de Westerplatte, en Polonia.

como era de esperar, sentenció su destino. Tan solo restaba un detalle: justificar el incumplimiento del acuerdo vigente entre ambos países.

A principios de agosto de 1939, Heinrich Himmler, máximo responsable de las SS, acudió al despacho del Führer acompañado por Reinhard Heydrich, su mano derecha. En sus carteras portaban una ingeniosa solución al problema: una operación de falsa bandera bautizada como Operación Himmler o Provocación de Gleiwitz. El plan mostraba la invasión de Polonia como una respuesta justa y equilibrada a los ataques sufridos por Alemania. Estos asaltos, cometidos por comandos germanos uniformados de soldados polacos, se cometerían contra tres objetivos: una estación de radio localizada en Gleiwitz, la Inspección Forestal situada en el bosque de Pitschen y, por último, la Aduana de Hochlinden. Al principio, Heydrich pensó en atraer auténticas tropas polacas hacia territorio alemán y neutralizarlas por defensores bien adiestrados. No obstante, la dificultad del reclamo aconsejó utilizar comandos propios. Hitler, entusiasmado, autorizó la operación.

La tarde del 9 de agosto, el «Carnicero de Praga» – sobrenombre otorgado a Heydrich en Checoslovaquia – se desplazó hasta el aeropuerto de Neustadt a bordo de un Junkers 52. Al pie de la escalerilla le aguardaba Emmanuel Schaeffer, el responsable local de la Gestapo.

Tras saludarse, los dos hombres se dirigieron a Gleiwitz, donde estudiaron las peculiaridades del terreno. A su regreso, Heydrich designó a los responsables grupales: el *Oberführer* Otto Rasch se encargaría de los comandos asignados a Pitschen, el *Einsatzführer* Ottfried Hellwig atacaría Hochlinden y, por último, el asalto a Gleiwitz correría por cuenta de un viejo conocido suyo, el *Sturmbannführer* Alfred Naujoks. Como parte del engaño, se ordenó el suministro de algunos cadáveres uniformados de soldados polacos al también *Oberführer* SS Heinrich Müller. Los cuerpos, procedentes de un campo de exterminio y abandonados tras los ataques, otorgarían mayor credibilidad al engaño.

Naujoks recibió la orden de desplazarse hasta Gleiwitz el día 10 de agosto. Junto a él viajaría un reducido grupo de cinco o seis hombres. Su misión consistía en ocupar la estación de radio «el tiempo suficiente para que un alemán que hablara polaco emitiera un comunicado en este idioma». La proclama debía especificar que llegaba el momento en que «los polacos debían unirse para aplastar a los alemanes». Cinco

Heinrich Himmler, el *Reichsführer* SS alemán (izquierda), saliendo en 1938 del Hotel Metropol en Viena con Reinhard Heydrich, jefe de la Gestapo.

GETTY

La caballería en Mokra

Considerada como la primera acción militar de la Segunda Guerra Mundial, esta operación aseguró el paso de los convoyes ferroviarios germanos a través de Tczew, enclave de alto valor estratégico pues su magnífico puente sobre el río Vístula enlazaba la principal ruta comercial entre Alemania y la Unión Soviética. Por eso, polacos y germanos hicieron todo lo posible por hacerse con él. Los primeros, blindando su acceso e instalando cargas explosivas a lo largo de toda la estructura; los segundos, mediante un ataque que garantizase su supervivencia.

Días antes de la invasión, el presidente Ignacy Mocicki ordenó a los zapadores del Segundo Batallón de Tiradores minar sus pilares. Como resultado, centenares de cables entretejieron una tupida red defensiva difícil de superar. Conocedores del plan, los alemanes desentrañaron la situación exacta del puesto de mando y los detonadores. El emplazamiento escogido dificultaba su anulación así que, finalmente, la *Luftwaffe* optó por una operación de alto riesgo: cortar los cables mediante un bombardeo de precisión. A las 04:26, una escuadrilla de doce aparatos partió del aeródromo de Elblg. Ocho minutos más tarde, los Stukas comandados por el teniente Bruno Dilley lograron neutralizar su objetivo. Los proyectiles seccionaron cables, dañaron la estación de tren, afectaron a la cabeza occidental del puente e impactaron sobre el cuartel del 2º Batallón de Fusileros.

Tras el *raid* aéreo, un primer convoy camuflado como transporte pecuario avanzó hacia Tczew. Los ferroviarios de Szymankowo descubrieron el engaño y lo desviaron hacia una vía muerta. Gracias a ello, los zapadores pudieron reparar los cables seccionados y a las 06:00 el teniente coronel Stanisław Janik detonó las cargas. La explosión destruyó el puente y obligó a los alemanes a instalar pontones sobre el rio Vístula. Las tropas invasoras atacaron las posiciones defendidas por el 2º Batallón de Fusileros hasta bien entrada la tarde, cuando los refuerzos germanos provocaron la retirada polaca. Incapaz de resistir, la ciudad cambió de manos aquella misma noche. Una vez conquistada, los alemanes depuraron responsabilidades. Los heroicos ferroviarios y sus familias fueron fusilados de inmediato, convirtiéndose en unas de las primeras víctimas del conflicto.

días después, Naujocks se hospedó en el hotel Haus Oberschlesien en espera de instrucciones.

Entretanto, los preparativos continuaron a buen ritmo en Berlín. Mientras Heydrich perfilaba detalles con Rasch y Hellwig, el almirante Wilhelm Canaris, máximo responsable de los servicios secretos Abwehr, organizó el suministro de doscientos cincuenta uniformes polacos. Años más tarde, el general Erwin Lahousen, uno de sus más estrechos colaboradores, manifestó durante los Juicios de Núremberg desconocer el origen del encargo, pero certificó que «se les encomendó la tarea de proporcionar uniformes y equipos polacos, como tarjetas de identificación, etc., para la Operación Himmler». Conseguidos los atuendos, partieron hacia una escuela de liderazgo de la SD en Bernau, donde los comandos seleccionados, todos con conocimientos de polaco, entrenaban sin descanso desde el día 16 de agosto. El programa comprendió técnicas de guerrilla y defensa personal, pero también incluyó ordenanzas militares polacas así como canciones típicas del país vecino.

El 20 de agosto, los ciento cincuenta hombres iniciaron unas maniobras en las instalaciones policiales y, aunque los instructores simularon situaciones futuribles, evitaron revelarles detalles precisos. Dos días más tarde, Bernau comunicó a Heydrich su disposición a entrar en acción.

El día 22 de agosto, el Führer cometió un desliz durante el encuentro informal mantenido con su Estado Mayor. Reunidos en el salón principal de Obersalzberg, su residencia de descanso bávara, aseguró tener «una causa propagandística para desencadenar la guerra. Al ganador no se le preguntará más adelante si ha dicho o no la verdad». Minutos después, los contertulios abandonaron la estancia convencidos de la inmediatez del conflicto.

Tres días más tarde, el 26 de agosto, Hitler ordenó atacar Polonia a las 4:30. Con todo dispuesto, un imprevisto de última hora provocó la cancelación: el embajador italiano transmitió la negativa de Benito Mussolini a apoyar la operación de falsa bandera. Además, la firma de un convenio de asistencia mutua entre Londres y Varsovia amenazaba con desencadenar un conflicto global. Hitler, indeciso, pospuso el ataque. Por desgracia, no todos los grupos recibieron la contraorden a tiempo. El *Einsatzführer* Hellwig, ignorando el protocolo, asaltó Hochlinden sin esperar a recibir el beneplácito de sus superiores. Esta precipitación provocó un intercambio de disparos entre sus hombres y los defensores alemanes que a punto estuvo de terminar en tragedia. Heydrich, furioso, destituyó a Hellwig y al coordinador de la acción, el *Oberführer* SS Herbert Mehlhorn. Aquella misma noche, el *Sturmbannführer* SS Karl Hoffmann tomó el relevo: «Me enviaron al aeródromo de Gleiwitz, donde me reuniría con Müller. Cuando llegué al lugar me encontré con un avión monomotor que había aterrizado y mantenía la hélice aún en marcha. [...] Müller, que esperaba junto al aparato, me preguntó si quería el puesto. Al aceptarlo, me explicó el contenido de su misión».

Entre el 25 y el 31 de agosto, Naujocks se entrevistó con Heinrich Müller. Durante la reunión, el *Oberführer* SS le comentó que disponía de una docena de «criminales condenados», vestidos con uniformes pola-

SHUTTERSTOCK

Avión de transporte tri-motor alemán Junkers Ju 52, fabricado entre 1931 y 1952. Museo de la Aviación de Belgrado.

cos, a los que abandonarían muertos en las zonas asaltadas. Como acto final, las descripciones realizadas por la prensa y testigos desplazados rematarían el engaño.

El diseño de Heydrich no dejó nada al azar. Una vez seleccionados, los prisioneros, nominados con el nombre en clave «producto enlatado», recibirían una inyección letal a manos de un médico. Trasladados hasta los objetivos, recibirían varios impactos de bala para escenificar sus muertes en combate. Antes de despedirse, Müller le ofreció abandonar un cuerpo en la estación de radio. Naujocks aceptó, no sin antes advertir de que el ataque se atribuiría a grupos partisanos, por lo que no debía vestir uniforme militar. «Pues lo vestiremos de civil. Entrarás en acción a las 20:00. Entre las 20:00 y las 20:10 recibirás tus productos enlatados». Müller seleccionó a su víctima entre un colectivo de conocidos activistas antigermanos. Franz Honiok fue detenido el 30 de agosto y trasladado a una celda de la prisión de Gleiwitz donde, sin saberlo, aguardó su destino final.

El jueves 31 de agosto, Hitler comunicó a Joachim von Ribbentrop su decisión de atacar Polonia al día siguiente. Tras escucharle, el ministro de Asuntos Exteriores abandonó la Cancillería no sin antes desearle suerte. Sobre las 16:00, Heydrich proporcionó a Naujocks la clave que activó el operativo: «La abuela ha muerto». Sin tiempo que perder, este último partió hacia Gleiwitz. Entretanto, un médico de las SS visitó a

Honiok en su celda. Tras administrarle una inyección, el sanitario y un inspector de policía lo trasladaron inconsciente hasta la emisora.

El comando irrumpió en los estudios a las ocho de la tarde. Incapaces de reaccionar, los locutores creyeron sufrir un ataque de partisanos polacos. Presas del pánico, aguardaron maniatados en una estancia inferior mientras un técnico germano manipulaba infructuosamente los controles. Gleiwitz no emitía en directo, lo hacía a través de las instalaciones situadas en Breslau. Incapaz de resolverlo, Naujocks amenazó a los técnicos locales. Uno de ellos, atemorizado, instaló un micrófono auxiliar desde el que Naujocks lanzó la proclama: «Emitimos un comunicado de tres o cuatro minutos con un transmisor de emergencia, hicimos unos cuantos disparos y nos marchamos». Como resultado, la emisión obtuvo una escasa difusión. Antes de partir, el comando disparó contra Honiok y abandonó su cadáver en el estudio. A la hora indicada, Heydrich se dispuso a seguir la transmisión desde Berlín, pero al sintonizar la emisora escuchó la programación musical emitida desde Breslau. Furioso, acusó a Naujocks de haberle mentido. Por fortuna, las dificultades técnicas acudieron en su ayuda y el incidente no pasó a mayores.

A los pocos minutos, y alertados por el discurso, los policías de una comisaría cercana se personaron en el edificio. Allí coincidieron con los agentes desplegados horas antes por orden expresa del propio Himmler. Para facilitar la acción del comando, funcionarios de la seguridad estatal reemplazaron a los oficiales encargados de custodiar la emisora. Julius Filor, sargento de la policía local, narró con posterioridad: «Abrí la puerta trasera y quise acceder a la sala de transmisiones pero un oficial de seguridad, pistola en mano, me mostró la salida diciéndome que allí no había nada que ver. Sin embargo, al retirarme, vi a una persona estirada a sus pies».

El alemán Franz Honiok, pro polaco asesinado por las SS, es considerado la primera víctima de la Seguda Guerra Mundial.

Max Schliwa, jefe de la policía local, describió la escena encontrada a su llegada: «Vi al hombre muerto a unos diez metros frente a mí, a la izquierda, sobre un panel de control».

Heydrich, el «Carnicero de Praga»

Definido por Hitler como «el hombre con el corazón de hierro», Reinhard Heydrich encarnó la personificación del mal en la Alemania del Tercer Reich. Nacido en 1904, el futuro responsable de la Oficina Central de Seguridad del Reich –RSHA– gozó de una infancia acomodada que incluyó una exquisita educación en materia musical. Hijo de un cantante de ópera y una pianista, a los dieciocho años ingresó en la *Kriegsmarine* germana. Alcanzado el grado de teniente, un incidente amoroso ocurrido en 1931 provocó su expulsión del cuerpo. Alejado de la vida castrense, un encuentro cambiaría su vida para siempre: aquel mismo año, Lina von Osten, su futura mujer, le presentó a Heinrich Himmler. A su lado, inició la meteórica carrera que lo alzaría hasta las más altas esferas del régimen nazi. Un ascenso respaldado por una personalidad ambiciosa, fría y calculadora que impulsó su participación en acontecimientos como la Noche de los Cuchillos Largos, la *Anschluss* austríaca o la partición de Checoslovaquia.

El inicio de la Segunda Guerra Mundial permitió a Heydrich descargar su ira contra los considerados enemigos del régimen: comunistas, cristianos, gitanos y, sobre todo, judíos. En septiembre de 1941, Hitler lo nombró *Reichsprotektor* del protectorado de Bohemia y Moravia. Su llegada a Praga desató la brutal represión que lo bautizó como el «Carnicero de Praga» o la «Bestia rubia». Dos semanas después de acceder al cargo, ordenó la ejecución de 550 disidentes. El mensaje era claro: mientras los colaboracionistas acudían a lujosas fiestas, los opositores sucumbían ante el pelotón de ejecución. Como parte de su plan para ganarse a la población local, repartió ropa y comida, incrementó las pensiones, creó un seguro de desempleo e incluso instauró el sábado como día festivo. Estas medidas, unidas a la prohibición del mercado negro, aumentaron su popularidad entre las clases trabajadoras. Una incómoda fascinación que socavó los puntales de la resistencia local.

En enero de 1942, Heydrich impulsó la Conferencia de Wansee, la reunión donde altos cargos gubernamentales decidieron el exterminio en masa de millones de judíos. No obstante, no viviría demasiado tiempo para comprobarlo. Por aquel entonces, el gobierno checoslovaco exiliado en Londres había ordenado su asesinato. El 27 de mayo de 1942, dos comandos checos, Josef Gabcík y Jan Kubis, lanzaron una granada contra su coche en Praga. Altivo y arrogante, despreciaba las medidas de seguridad por considerarlas innecesarias. Buena muestra es la ausencia de escolta y la elección de un modelo Mercedes Benz descapotable para sus desplazamientos. Aunque en un primer instante sobrevivió a sus heridas, ocho días más tarde falleció en el hospital. La represión que siguió a su muerte convirtió la población de Lídice en ruinas, por orden directa del propio Hitler, y provocó el asesinato de cerca de 5 000 personas.

Los hombres de Karl Hoffmann arrasaron la aduana de Hochlinden. A las 04:00, entonando cánticos polacos, los comandos asaltaron el edificio, rompieron puertas y ventanas, destrozaron mobiliario y esparcieron el contenido de cajones y ficheros por el suelo. Al salir, dispararon a los «productos enlatados» enviados por Müller y se dispusieron a ser apresados por SS uniformados como policías fronterizos. Al día siguiente, regresaron a la escuela policial de Bernau. En el caso de la inspección forestal de Pitschen, los dueños de una posada cercana narraron cómo una persona autoritaria contrató varias habitaciones durante la tarde del 31 de agosto. Sobre las siete de la tarde, antes de partir, el *Oberführer* Otto Rasch solicitó que nadie accediese ni a la cocina ni a las estancias colindantes con el patio y encargó que, a su vuelta, tuvieran preparados cuarenta litros de té con ron. Minutos después, el grupo se encaminó hacia su objetivo de forma ruidosa, profiriendo gritos y cánticos polacos. Al llegar a la cabaña, los comandos realizaron disparos al aire, destrozaron la cocina y mancharon la pared con medio cubo de sangre de buey. Al regresar, los hombres celebraron su éxito y el comandante brindó con té mientras presentaba a sus hombres como defensores de la patria y celebraba la primera victoria germana contra tropas polacas.

Las investigaciones oficiales toparon con el cortafuegos levantado por Himmler. La Gestapo requisó las pruebas recabadas bajo el pretexto de centralizar las pesquisas. Bajo su tutela desaparecieron atestados, fotografías y «productos enlatados». A día de hoy se desconoce el destino final de los cadáveres, incluido el de Honiok. A las pocas horas, la maquinaria propagandística del Tercer Reich difundió la versión oficial de los hechos. Sobre las 22:30, la radio informó de graves incidentes fronterizos y las rotativas, por su parte, vertieron ríos de tinta sobre la agresión polaca. Los lectores, ávidos de noticias, devoraron incendiarios titulares. Por ejemplo, el periódico *Völkischer Beobachter* habló de «ataque preparado por bandas insurgentes polacas con la participación de soldados regulares», y el *Rhein-Front* calificó a los asaltantes como «polacos locos». El engaño estaba servido.

ESTRATEGIAS Y ARMAS

MANUEL P. VILLATORO
PERIODISTA Y ESCRITOR

ALBUM

Pelo escaso, sonrisa inocente y ojos azules. Cualquiera que hubiera tenido entre las manos una fotografía del general alemán más famoso de la década de los treinta, Heinz Guderian, lo habría definido como el clásico abuelo bonachón que dedica sus últimos años a malcriar a sus nietos. Pero las apariencias suelen ser esquivas. El genio que implementó la temible *Blitzkrieg* (o 'guerra relámpago') en los ejércitos de Adolf Hitler solía vociferar airado en mitad de la batalla. Aunque siempre por una causa mayor. En septiembre de 1939, por ejemplo, se dejó las cuerdas vocales para convencer a sus hombres de que la potencia de las flamantes fuerzas armadas del Tercer Reich podría aplastar a la que había sido una de las mejores caballerías de la vieja Europa: la polaca.

Y es que, a pesar de que la historia nos ha vendido como indestructibles a las fuerzas blindadas alemanas en septiembre de 1939, y aunque la propaganda nazi insistió hasta la extenuación en la imbatibilidad de sus carros de combate, la realidad es que los ejércitos del Tercer Reich temblaban, trémulos, cuando el viento parecía traerles un relincho. El propio general recalcó en sus memorias el «pánico» que generaron los jinetes entre sus tropas «el primer día de guerra». «Fui detenido en las afueras de Zahn por hombres de mi propio Estado Mayor, a quienes encontré ocupados en montar a toda prisa un cañón antitanque. Cuando pregunté cuál

En la imagen, un PzKpfw III Ausf H. o Panzer III, abreviaturas de *Panzerkampfwagen* (vehículo de combate blindado). Desarrollado en Alemania a finales de los años 30, fue muy utilizado durante la Segunda Guerra Mundial.

era el propósito, me informaron de que la caballería polaca avanzaba y estaría sobre nosotros en cualquier momento. Intenté tranquilizarlos».

El extenso testimonio de Guderian vale por sí solo para desmantelar uno de los muchos mitos que aún perviven sobre los contingentes que iniciaron la Segunda Guerra Mundial. Pero, a pesar de que han pasado más de ocho décadas desde la invasión de Polonia, todavía existen otros tantos. La gran y la pequeña pantalla nos hablan de unos potentes blindados alemanes que no sufrieron apenas bajas durante su avance o de un ejército polaco nimio. A lo largo de las décadas, sin embargo, ha quedado más que demostrado que la potencia acorazada teutona fue palpable, pero no exagerada, y que el desfase militar de los defensores no era abultado.

La realidad, por tanto, es que la derrota no fue provocada por las armas ni por el número de soldados. O, al menos, no de forma exclusiva. El primer error de los defensores fue su concepción de la guerra que se avecinaba; un conflicto que sabían que arribaría tarde o temprano gracias a su rápida descodificación de los códigos encriptados germanos –hasta 1939, los servicios secretos polacos podían descifrar el 75 % de los mensajes enviados por las máquinas Enigma de tres rotores– y a las pretensiones políticas de Adolf Hitler sobre Danzig y el Corredor Polaco. A pesar todo ello, y de que la contienda se paladeaba en el ambiente desde el ascenso de los nazis en 1933, Polonia centró durante años sus esfuerzos en reforzar su frontera con la Unión Soviética.

Tuvo que producirse la *Anschluss*, la anexión de Austria por parte de la Alemania nazi en 1938, para que el país se empezase a plantear, allá por la primavera del año siguiente, la creación del llamado Plan Z (de *zachód*, 'oeste') en respuesta a las pretensiones germanas. Con él llegó un cambio de paradigma: relajar la defensa de la frontera oriental en favor de la occidental, desde donde amenazaba el águila nazi. Las conclusiones del

El general alemán Heinz Wilhelm Guderian (1888-1954) fotografiado en 1944.

SHUTTERSTOCK

Desfile nazi en Viena, el 1 de mayo de 1938. La *Anschluss*, la unión de Austria y Alemania, se había producido el 12 de marzo de ese año.

Alto Mando fueron que Hitler podría movilizar un mínimo de setenta divisiones de infantería y que, con total probabilidad, la invasión arrancaría desde Pomerania, al norte del país, con el objetivo de atravesar el Corredor y continuar hasta la ciudad de Danzig.

Después de múltiples revisiones provocadas, entre otras tantas cosas, por la conquista nazi de Checoslovaquia, el mariscal Edward Rydz-Śmigły presentó el Plan Z definitivo. Un documento que no buscaba derrotar a la *Wehrmacht* en el campo de batalla, sino detener a los germanos por delante de los ríos Biebrza, Narew, San y Vístula. Su objetivo era doble: ganar tiempo para terminar la movilización de los ejércitos polacos y permitir a los franceses y británicos iniciar una ofensiva contra Alemania que obligara a Hitler a retirarse. La piedra angular de la defensa era la ayuda internacional. «Mi plan se basa en la hipótesis de un ataque alemán con la mayoría de sus fuerzas. Pretendo prevenir la destrucción de nuestro ejército, antes del inicio del ataque de nuestros aliados por el oeste», admitió el oficial poco antes del comienzo de las hostilidades.

Una vez detenido el avance germano y movilizados los reclutas polacos de las regiones orientales, aquellos que el gobierno y el ejército consideraban fiables, Rydz-Śmigły estableció que sus fuerzas retrasarían sus posiciones de forma paulatina hasta llegar al corazón de Polonia, mucho

SHUTTERSTOCK

Soldados alemanes de la *Wehrmacht* con su fusil Mauser Kar 98k semiautomático, el mismo que usaban los polacos.

más fácil de defender. El resultado fue la organización durante el verano de varios ejércitos a los que se bautizó con los nombres de las regiones que debían salvaguardar: Pomorze (Pomerania), Poznan (Posen), Lodz, Cracovia, Modlin y Karpaty (Cárpatos). A su vez, y a lo largo de los meses siguientes, se crearon varios grupos operativos destinados a reforzar a los contingentes principales. La máxima, en todo caso, era combatir hasta la última gota de sangre para favorecer la entrada en el conflicto de la comunidad internacional.

Con lo que no contaba el Alto Mando era con que los galos habían pasado de comprometerse a golpear sin paliativos a Alemania si esta invadía Polonia, a dejar por escrito que se limitarían a llevar a cabo un «ataque de tanteo» contra su frontera con las fuerzas que tuvieran a su disposición en el momento de la ofensiva germana. En la práctica, un contingente escaso. Ese cambio, que no se comunicó al gobierno polaco, unido al extenso territorio que debían defender los nuevos ejércitos (unos 1 700 kilómetros tras el desmembramiento de Checoslovaquia), puso los mimbres de un desastre anunciado.

Existen una infinidad de cifras sobre las fuerzas que tenía a su disposición el ejército polaco el 1 de septiembre de 1939; casi tantas como el número de historiadores que se han detenido a analizar el conflicto. Con todo, entre las más recurrentes se hallan las de Steven J. Zaloga. En *The Polish Army, 1939 - 1945*, el historiador afirma que el país contaba con un total de treinta divisiones de infantería (medio millón de hombres) afincadas en las fronteras; aunque, según se esgrimió en el Plan Z, podía movilizar otras quince más. La mayor parte de los soldados iban armados con el mismo fusil de dotación que los alemanes, el Mauser Kar 98k semiautomático, y vestían un pantalón y una guerrera verde oliva con toques marrones.

Si se compara con el total de la población polaca, casi catorce millones de personas en 1939, el número de soldados era considerable. El problema radicaba, según expertos como Richard Hargreaves, en que uno de cada tres fusileros no había sido entrenado de forma adecuada y en que una buena parte de estas tropas debían ser movilizadas después de que se declararan las hostilidades. Nada que ver con el duro adiestramiento al que habían sido sometidos sus enemigos germanos. La división de infantería arrastraba también algunas costumbres propias de la Primera Guerra Mundial que la colocaban detrás de sus enemigos; una de ellas, depender de las bestias de carga para transportar armas pesadas.

Otro tanto sucedía con las fuerzas blindadas. Aunque Polonia fue el segundo país, tras la Unión Soviética, que más dinero invirtió en la defensa de su patria: más de mil millones de *zloty* entre 1938 y 1939, el escaso desarrollo de la doctrina mecanizada hizo que el ejército apostara por el uso masivo de las tanquetas. Poco antes de la invasión, las fuerzas armadas contaban con 450 TK y TKS, pequeños vehículos dirigidos por una dotación de dos hombres que montaban una ametralladora pesada o –en el mejor de los casos– un cañón ligero. Es falso, no obstante, que el país no dispusiera de carros de combate. Los tuvo, y destacados. En la década de

Un tanque Vickers de seis toneladas. Museo del Tanque de Bovington, Dorset (Reino Unido).

SHUTTERSTOCK

los treinta, por ejemplo, adquirieron 38 Vickers E Tipo A y una licencia de producción de la misma empresa. El más pesado 7TP y algunos modelos de Renault completaron un elenco total de 475 unidades. Y eso, sin contar con los espectaculares trenes blindados.

El ejército polaco, como buen contingente heredado de la Primera Guerra Mundial, no carecía de artillería. Según diferentes fuentes, sumaba un total de 2 065 obuses y 774 piezas anticarro (todas ellas, capaces de destruir sin paliativos a cualquier Panzer de la época). Por su parte, las fuerzas aéreas contaban con un número irrisorio de aparatos (388) y la marina con poco más de una cuarentena de naves. ¿Dónde se hallaba, entonces, la élite de las fuerzas armadas? En la caballería. Nación de jinetes desde tiempos inmemoriales, los soldados más versados solían pedir el paso a esta rama. Así, el país disponía en 1939 de 70.000 jinetes. Sin embargo, y en contra de la imagen que ha pervivido, su finalidad no era cargar lanza en ristre. La verdad es que iban armados con un fusil y que solo mantenían el sable para casos extremos.

Mientras se alumbraba el Plan Zachód, los alemanes forjaban su esquema para la invasión. El resultado fue la emisión del *Fall Weiss* o 'Caso Blanco' a principios de abril de 1939, poco después de que el primer ministro británico Neville Chamberlain diese su apoyo público y privado

Soldados preparando uno de los cañones de la artillería naval alemana para la defensa costera. Durante la guerra, la *Wehrmacht* formó unidades de artillería exclusivamente costeras que estaban a cargo de la Marina.

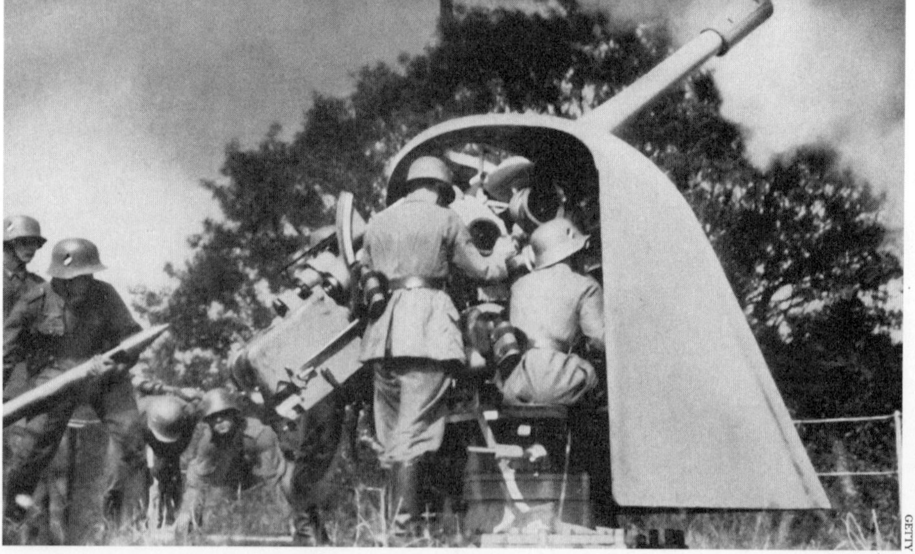

GETTY

a Polonia. Si el éxito de los defensores dependía de la ayuda internacional, desde el principio Hitler tuvo claro que el triunfo de la *Wehrmacht* pasaba por concentrar a la mayor parte de sus tropas en el este y hacer caer Varsovia antes de que Francia e Inglaterra tuviesen tiempo de movilizar a sus hombres para golpear su retaguardia. Si lo lograba, podría desplazar de nuevo todos los recursos hacia la frontera gala para hacer frente a una incursión.

TRENES BLINDADOS: TERROR SOBRE RAÍLES

«En las últimas batallas se ha demostrado que son unos adversarios terribles. Están bien diseñados, actúan de manera impecable, son decisivos, tienen una gran potencia de fuego y son nuestro enemigo más serio. La infantería no puede hacer nada contra ellos». Así definió el Estado Mayor polaco a los trenes blindados en 1920. Auténticos acorazados sobre raíles, fueron máquinas letales durante el primer gran conflicto europeo del siglo XX y, a pesar de haberse quedado algo anticuados, tuvieron también un papel preponderante en las primeras batallas de 1939.

Durante la invasión de septiembre, Polonia contaba con una decena de estos trenes blindados; la mayoría, nombrados a nivel formal con números, pero conocidos por los nombres y apellidos de grandes héroes nacionales como 'Paderewski' o 'Marszalek'. A estos se unieron otras tantas máquinas improvisadas que intentaron, como sus hermanos mayores, detener el avance germano.

Cuesta describir los trenes blindados polacos, pues cada uno era armado de forma independiente. Con todo, lo habitual era que contaran con un mínimo de una locomotora capaz de resistir los impactos de fuego ligero; dos vagones artillados con ametralladoras y cañones de gran calibre (hasta 100 milímetros); un furgón de transporte en el que aguardaba una pequeña unidad de asalto y varias plataformas que portaban vehículos como tanquetas o coches de exploración. En algunos casos contaban en su parte delantera con vagonetas destinadas a hacer saltar por los aires las posibles minas ubicadas en las vías. Por descontado, todos estaban equipados con una radio de larga distancia y tenían la capacidad de moverse en ambos sentidos. Es innegable que su gran movilidad, su coraza y su potencia de fuego los convertían en un puntal de la defensa. Sin embargo, su tamaño los hacía también un objetivo perfecto para la aviación enemiga.

Estos ingenios acorazados vivieron sus últimos días de gloria en la campaña polaca. Entre sus acciones más destacadas se cuenta la batalla de Mokra, acaecida el 1 de septiembre de 1939. Aquella jornada, la Brigada de Caballería Wolynska (desmontada, por descontado) se enfrentó a una división Panzer con la ayuda del tren blindado nº 53, llamado, Smialy, (todo un veterano, capturado a los austriacos al término de la Primera Guerra Mundial). Aquella jornada, sus dos cañones de 75 mm destruyeron medio centenar de blindados alemanes y sus disparos provocaron la friolera de entre quinientas y ochocientas bajas. La suya, no obstante, fue una victoria pírrica, pues no impidió la caída de Varsovia.

Al final, el Führer decidió correr el riesgo y destinó un total de 52 divisiones a la invasión. A cambio, el débil Grupo de Ejércitos C recibió el encargo de asegurar la frontera oeste hasta que llegaran refuerzos. La concentración de unidades llegó a tal punto que, en principio, se obvió conquistar la región al este del Vístula, que se cedió *de facto* a los soviéticos. Sorprende, pero lo cierto es que el 11 de abril, día en que se dio a conocer la operación *Fall Weiss*, todo estaba ya preparado para cruzar Polonia de un lado a otro y aplastar a sus defensores. Así lo dejaba claro la misma directiva: «La tarea principal de la *Wehrmacht* es destruir a las Fuerzas Armadas polacas. Debemos organizar un ataque sorpresa con este fin. La movilización general no se ordenará hasta un día antes de las operaciones».

Para llevar a cabo *Fall Weiss*, la *Wehrmacht* se valió de una novedosa doctrina militar que Heinz Guderian consiguió perfeccionar hasta convertirla en la seña del Tercer Reich: la *Blitzkrieg* o 'guerra relámpago'. El general, adscrito a un grupo blindado, se había mostrado contrario durante el periodo de entreguerras a las interminables batallas en las que los actores principales eran las trincheras, los obuses y la lentitud. Si Philippe Pétain era partidario de que «la artillería conquista y la infantería ocupa», él, por el contrario, se convirtió en el mayor defensor de las unidades blindadas (carros de combate) y motorizadas (infantería montada sobre vehículos).

En sus muchos libros de memorias, Guderian insistió en que «la tropa blindada ya no es un arma auxiliar» y en que, si en la Primera Guerra

Tanques ligeros Panzer I desfilan en Polen (Varsovia), el 11 de noviembre de 1935.
Este vehículo de combate blindado fue producido en el III Reich en los años 30.

ALBUM

En la imagen, un tanque ligero alemán Panzer II o PzKpfw II de 1930.

Mundial, los carros se limitaban a apoyar los asaltos al mismo paso que los soldados a pie, en la contienda que se avecinaba deberían aprovechar su velocidad para, formando unidades autónomas, romper las líneas a través de un punto concreto, rodear a las tropas enemigas, embolsarlas y destruirlas desde la retaguardia en coordinación con las divisiones de infantería. Todo ello, luchando mano a mano con la aviación y con soldados mecanizados. «Como la técnica permite que los tiradores se desplacen en vehículos blindados de acompañamiento, que pueden ir tan rápido como los tanques, estos podrán orientarse en su velocidad por los tanques», esgrimió Guderian.

Es en torno a la *Wehrmacht* donde se han extendido muchos de los mitos de la campaña. A pesar de que los nazis convencieron a Europa de la mecanización masiva de su ejército, la columna vertebral de sus fuerzas armadas seguía siendo la infantería. Las cifras varían, pero se estima que el Führer destinó un millón y medio de hombres a la invasión de Polonia (630 000 en el Grupo de Ejércitos Norte y 886 000 en el Grupo de Ejércitos Sur). Los datos sorprenden ya que, sobre el papel, los nazis contaban tan solo con un tercio más de combatientes que su enemigo; sin embargo, autores como Zaloga confirman que las tropas del Reich estaban mucho mejor entrenadas. También se suele obviar que contaban con 40 000 caballos, los grandes olvidados del conflicto.

Sobre los Panzer se han escrito miles de páginas. En la actualidad se les pinta como una suerte de gigantescos monstruos acorazados imposibles de destruir. La realidad, sin embargo, es que el carro de combate más numeroso en 1939 (con 1 445 vehículos) era un pequeño tanque de entrenamiento: el PzKpfw I o Panzer I, equipado con dos ametralladoras y con un blindaje de entre 6 y 13 milímetros (años después, el famoso Tigre montó 102 milímetros en su frontal). «Nadie en 1932 podría haber adivinado que íbamos a entrar en combate con este pequeño tanque de entrenamiento», escribió Guderian. El siguiente en la lista era el PzKpfw II o Panzer II, casi tan numeroso como su hermano pequeño. «Fue una solución intermedia hasta que llegaran otros más pesados y llevaba un cañón de solo 20 milímetros», escribió el general. Los más contundentes Panzer III y IV eran una *rara avis* dentro de la *Wehrmacht*, con apenas 98 y 211 unidades.

El otro gran actor de la invasión fue la *Luftwaffe*. En poco menos de unas horas, sus 1 176 bombarderos y 770 cazas se hicieron con el dominio del cielo. Aunque su mayor aportación se sucedió en los días posteriores a la invasión. Ya lo dejó claro Winston Churchill en sus memorias: «Una de las claves fue el violento bombardeo de todas las comunicaciones y de cualquier población que ofreciese un objetivo apetecible». Otro tanto pasó con la artillería. Y es que los obuses teutones, mucho más modernos, demostraron su efectividad contra las poco numerosas posiciones defensivas polacas y sembraron el caos entre los enemigos.

En cuanto a la *Kriegsmarine*, la Marina de guerra alemana, apenas pudo aportar dos navíos y siete submarinos en las jornadas iniciales de la invasión de Polonia.

La conclusión es que la victoria de Hitler no se debió al mayor número de fuerzas, sino al uso de una nueva doctrina de combate y a la revolución que supuso la utilización conjunta de la artillería, la aviación y los blindados. Así lo dejó escrito Churchill: «La maquinaria de guerra de Hitler evidenció, en solo una semana, el retraso en la concepción bélica de las potencias occidentales. Asistimos a una exhibición perfecta de la *Blitzkrieg* moderna basada en la estrecha cooperación del Ejército y la aviación en el frente, [...] y el irresistible empuje de grandes columnas blindadas».

El ejército de Pozna contra la *Wehrmacht*

TOMÁS MORENO BUENO
ESCRITOR

Hay días en los que todo empieza a cambiar sin que por entonces pueda aventurarse el calado de lo que está por venir: desde un nuevo orden mundial hasta una manera completamente distinta de hacer la guerra, ese resumen brutal de los conflictos entre los pueblos que secuencia nuestra historia.

Cuando, el 1 de septiembre de 1939, la Alemania nazi se adentró en Polonia para dar el banderazo de salida a la Segunda Guerra Mundial, comenzó una primera semana de conflicto absolutamente reveladora del enfrentamiento entre tradición y modernidad, en la que invasores e invadidos desplegaron dos modelos muy distintos de organización y estrategia militar.

Sirva como ejemplo de la diferencia entre las capacidades de ambos contendientes lo que se refiere a la movilidad de las tropas; algo que, por lo demás, constituye uno de los principales distintivos de esta nueva gran guerra frente a la que asoló Europa entre 1914 y 1918, donde se mantenían las posiciones en interminables trincheras durante largos periodos de tiempo. Una movilidad que la *Wehrmacht* confiaba a unidades motorizadas concentradas en una sola fuerza, para abrirse paso rápidamente hasta objetivos del más alto interés estratégico, y que el ejército polaco hacía descansar en una red de brigadas de caballería distribuidas a lo largo del frente en las que prestaban servicio cerca de 70 000 jinetes.

Los soldados alemanes invaden Polonia en divisiones blindadas y motorizadas en septiembre de 1939.

Tras el ascenso de Adolf Hitler al poder en 1933, y a pesar de las limitaciones impuestas tras su derrota en la Primera Guerra Mundial, Alemania se embarcó en un importante rearme militar íntimamente alineado con los fundamentos que llevaron a gobernar al nacionalsocialismo, es decir, la superación de la humillación sufrida por el pueblo alemán tras el Tratado de Versalles y la expansión territorial en busca de un amplio espacio vital pangermánico.

En ese contexto fue creada la *Wehrmacht*, en el año 1935, como fuerza militar unificada en la que se reunían el Ejército de Tierra *(Heer)*, la Marina *(Kriegsmarine)* y la Aviación *(Luftwaffe)*. Gracias a la prosperidad económica y a su poderío industrial, Alemania pudo dotar a la *Wehrmacht* de los recursos adecuados para dar respuesta a sus aspiraciones nacionales y alcanzar, en tiempo de paz, un contingente de medio centenar de divisiones, en las que se encuadraban alrededor de 600 000 efectivos.

Decidida la invasión de Polonia y el fin de ese tiempo de paz, la maquinaria bélica de la *Wehrmacht* se había multiplicado ya hasta disponer de casi sesenta divisiones solo para abordar la campaña en ciernes, cuya punta de lanza la constituían seis divisiones acorazadas, también conocidas como panzer al organizarse en torno a los llamados *Panzerkampfwagen* o vehículos de combate blindados. A la fuerza terrestre se sumaron más de 2 000 aviones y cerca de ochenta navíos de guerra hasta constituir un contingente militar que, *a priori*, parecía garantizar el éxito de las operaciones y que, sobre el terreno, se organizó fundamentalmente

Una división de tanques de la *Wehrmacht* desfila en Núremberg en1935.

GETTY

SHUTTERSTOCK

Soldados nazis en el *Reichsparteitag der Ehre* de 1936, en Núremberg.

en dos grupos de ejércitos: el Sur, comandado por el coronel general Gerd von Rundstedt, en el que servían 886 000 efectivos; y el norte, donde el coronel general Fedor von Bock disponía de casi 630 000.

La organización del Grupo de Ejércitos Sur ilustra perfectamente las características de la unidad de mayor tamaño que combatirá por el lado alemán durante la Segunda Guerra Mundial. Una fuerza formada por ejércitos que albergan cuerpos de hasta tres divisiones, en los que se combinan la infantería ligera o motorizada con las divisiones acorazadas, que les proporciona la versatilidad como para afrontar defensas de diferente naturaleza y capacidad.

La mecanización del ejército y la apuesta por las unidades acorazadas fueron los grandes valores de esa nueva fuerza militar, que disponía de una extraordinaria potencia de fuego y una desconocida velocidad de penetración en el territorio. Este factor unido a la acción combinada de las unidades terrestres y aéreas, facilitó la puesta en práctica de la llamada guerra relámpago o *Blitzkrieg*, un modo de hacer la guerra que permitía campañas cortas como las que necesitaba Alemania, un país con enemigos en todas sus fronteras que no podía permitirse conflictos de largo recorrido en varios frentes y que, muy al contrario, necesitaba replegar a la mayor velocidad las tropas sobrantes una vez consolidadas sus posiciones tras el asalto a cualquiera de sus colindantes.

GETTY

La infantería de marina en el desfile militar del 20 de abril de 1939 en Berlín, para la celebración del 50 aniversario de Hitler.

La *Blitzkrieg* llegó a los campos de batalla de la mano del general alemán Heinz Guderian, quien teorizó sus pormenores en el libro *Achtung Panzer!* , publicado en 1938, tras sus experiencias con blindados en diferentes teatros de operaciones como los de la Guerra Civil española. Se trataba de superar los conflictos de trincheras de la Primera Guerra Mundial y responder a la aspiración de conquista fugaz mediante una extraordinaria movilidad operativa y la concentración de fuerzas en un punto seleccionado como *schwerpunkt*, o centro de gravedad, por el que abrir rápidamente con unidades acorazadas una vía de penetración, que la infantería se ocupaba de estabilizar seguidamente, gracias a una poderosa cobertura aérea con la que destruir las infraestructuras estratégicas y acabar con las unidades más resistentes. Todo ello auxiliado por una herramienta capital como fue la radio, que se suma desde entonces a las campañas militares, y constituye una extraordinaria aportación para coordinar las actuaciones de las diferentes unidades y facilitar la consecución de sus objetivos.

Durante los primeros años de la Segunda Guerra Mundial, la *Blitzkrieg* cosechó innumerables éxitos y constituyó la principal estrategia militar del ejército alemán. La prolongación en el tiempo del conflicto y su creciente extensión geográfica, así como las grandes derrotas sufridas mediada la contienda, acabaron por hacerla inútil para alcanzar la victoria final.

En la imagen, un Dornier 17 de 1940, un bombardero ligero de la *Luftwaffe*.

SHUTTERSTOCK

Las dificultades económicas y las limitaciones de su industria impidieron al ejército polaco contar con la capacidad necesaria para hacer frente a la poderosa fuerza militar alemana, que ya les amenazaba sin reservas en los meses centrales de 1939.

Baste decir que, en los cuatro años anteriores al conflicto, el presupuesto militar polaco fue treinta veces menor que el alemán, o que solo la dotación de la *Luftwaffe* en 1939 era diez veces superior a la de todo el ejército de Polonia, que al tiempo de iniciarse las hostilidades contaba con treinta divisiones de infantería, once brigadas de caballería, tres brigadas de montaña y tan solo una división mecanizada. Su fuerza aérea apenas llegaba a 450 aviones de combate y apoyo.

Al comienzo de las hostilidades, y al margen de otras unidades operativas, el ejército de tierra se agrupaba en siete ejércitos: Modlin, Pomorze, Poznań, Lódź, Cracovia, Lublin y el de los Cárpatos. Cada uno de ellos estaba compuesto por divisiones de infantería y brigadas de caballería a fin de disponer de la misma versatilidad y capacidad de combate de la que disponía la Alemania nazi, que combinaba unidades acorazadas, motorizadas y de infantería tradicional.

La caballería polaca, a punto de combatir contra las fuerzas alemanas (1,25 millones de hombres y seis divisiones blindadas), que entraron en Polonia el 1 de septiembre de 1939.

GETTY

Tadeusz Kutrzeba
Nacido en 1885 en Cracovia y fallecido en Londres en 1947, fue el general que comandó el Ejército de Poznan durante la invasión alemana de Polonia. Comenzó su carrera militar como segundo teniente en un dragaminas de la Marina y acabó dirigiendo las operaciones del ejército polaco en la trascendental batalla de Bzura, tras la que fue hecho prisionero por los invasores alemanes. Liberado al final de la contienda, fue nombrado presidente del Comité Histórico de la Campaña de Septiembre, encargado del estudio y divulgación de los pormenores de la ocupación alemana de su país entre el 1 de septiembre y el 6 de octubre de 1939.

ASC

Es precisamente la caballería lo que distinguía al ejército polaco de sus coetáneos, hasta sumar 37 regimientos en sus once brigadas montadas, cada una de ellas compuesta por una fuerza de entre 6 000 y 7 000 efectivos, que se agrupaban en escuadrones de lanceros (ulanos), unidades de artillería y otras de menor entidad formadas por ciclistas y hasta por compañías de tanquetas.

Por su parte, cada escuadrón estaba constituido fundamentalmente por una escuadra de mando formada por cinco efectivos y tres secciones de 28 hombres, en las que cada una incluía una escuadra para atender una ametralladora ligera.

El Ejército de Poznan respondía canónicamente a la gran unidad de combate configurada por Polonia para la defensa de su integridad territorial, además de ser el baluarte defensivo del mismísimo corazón del país, de la Gran Polonia que –en torno a la propia ciudad de Poznan– fue el germen medieval del futuro país, hasta al inicio de la Segunda Guerra Mundial.

Creado el 23 de marzo de 1939, constituyó la unidad más al oeste de la fuerza defensiva polaca con la misión de defender la barrera natural del río Warta. Bajo el mando del general Tadeusz Kutrzeba, estaba formado por cuatro divisiones de infantería (14ª, 17ª, 25ª y 26ª) y por las brigadas de caballería *Wielkopolska* y *Podolska*, formadas por cuatro regimientos cada una. Por ejemplo, la *Wielkopolska,* al mando del general Roman Abraham, integraba al 15° Regimiento de Ulanos Poznanskiech, al 17° Regimiento de Ulanos Gnieznieskich, al 7° Regimiento de cazadores montados y al 7° Regimiento de artillería a caballo.

Tras los primeros bombardeos aéreos y navales de la Alemania nazi, alrededor de las 5 horas de aquel 1 de septiembre de 1939, las tropas alemanas cruzaron la frontera polaca, mientras un millar de aviones descargaban sus bombas sobre un territorio que, poco después, cruzarían más de 2 000 tanques. Es el Grupo de Ejércitos del Sur el que probablemente ejemplifica mejor ese nuevo modelo de penetración fugaz que concentra todas las unidades para llevarlas a través de una brecha en el frente defensivo del enemigo; de manera que, tras romper la línea fronteriza, se abrió camino entre los ejércitos de Poznan y Lódz, obligando al primero de ellos a retirarse ante el empuje de los panzer germanos y el hostigamiento continuo de la *Luftwaffe,* hasta enlazar, días después, con el Ejército de Pomorze y plantar cara al invasor en la batalla de Bzura el 9 de septiembre.

Hasta entonces, las operaciones militares que protagonizó el Ejército de Poznan frente a las unidades alemanas definen perfectamente el desarrollo de esa primera semana larga de la Segunda Guerra Mundial, que a la postre

Juramento de los reclutas del levantamiento de Poznan, en enero-febrero de 1919.

ALBUM

Fedor von Bock
De origen prusiano, nació en la ciudad de Küstrin en 1880 y falleció en Berlín en 1945. Ejemplo de oficial prusiano de larga tradición familiar y excepcional sentido del deber, tuvo el mando del Grupo de Ejércitos Norte en la invasión de Polonia y, hasta 1942, dirigió unidades militares de similar porte durante las campañas sobre Francia y Rusia. Apartado en ese año del servicio activo por diferencias de criterio militar con el propio Hitler, se mantuvo fiel a la causa nacionalsocialista a pesar de su escasa inclinación política. En los últimos días del régimen se ofreció para colaborar con el Gobierno del almirante Dönitz, resultando herido mortalmente en un bombardeo aliado el 3 de mayo de 1945.

ASC

no solo fue incapaz de detener la invasión germana, sino que desguarneció la frontera con la Unión Soviética, lo que facilitó, el 17 de septiembre, la invasión del país por el este. Fueron días de escaramuzas singulares, repliegues desordenados y desconcierto ante la superioridad del enemigo.

El plan de despliegue de las fuerzas polacas, denominado Plan Z (de *zachod*, oeste), diseminó sus efectivos por un vasto territorio fronterizo con Alemania sin posiciones de resguardo ni infraestructuras defensivas, lo que permitió desplegar toda la potencia de la *Blitzkrieg* hasta hacer capitular a Polonia en apenas treinta y cinco días de campaña. Esa inesperada sorpresa estratégica y la demora en intervenir de sus dos grandes socios, Francia y Gran Bretaña, permitieron al ejército alemán concluir la invasión en un tiempo récord hasta darse la mano con las tropas soviéticas, que en tres semanas se hicieron con una parte del territorio de su vecino del este; algo así como lo que sucedería con la propia Alemania seis años después cuando los aliados y los soviéticos compitieron en una carrera militar sin precedentes por llegar a Berlín.

Las hostilidades más relevantes de aquella primera semana de conflicto mundial tuvieron precisamente como protagonistas a las fuerzas móviles de cada uno de los dos ejércitos: así, el mismo 1 de septiembre tuvo lugar la batalla de Mokra, en la que la Brigada de Caballería Wołyńska frenó el avance de la 4ª Divisón Panzer, que perdió cerca de cuarenta vehículos y tuvo 1 200 muertos frente a quinientas bajas por el lado polaco. Ese mismo día también se produjeron otros encuentros entre unidades similares de ambos bandos, como los de los bosques de Tuchola, cuando el coronel Martarlez, al mando de dos escuadrones de caballería, atacó a efectivos de la 20ª División Motorizada alemana mientras se disponían a acampar, en uno de los escasos episodios en los que la caballería polaca hizo gala de su destreza con el sable.

Llegados a este punto, debe recordarse que las pretendidas cargas de la heroica caballería polaca lanza en ristre contra los panzer alemanes distan mucho de ser fieles a la realidad y constituyen uno más de esos episodios deliberadamente desproporcionados por la propaganda y por la historia. Aquellos quijotes frente a los molinos acorazados forman parte de un imaginario que no resta ni un ápice de mérito al extraordinario comportamiento de la caballería polaca durante el conflicto, constituida por unidades del más alto valor militar en las que se encuadraban los mejores oficiales, quienes al mando de sus tropas montadas cumplieron un ejemplar papel en la defensa de su país frente a Rusia en un territorio de frontera salpicado de marismas y sin vías terrestres estables, donde las unidades a caballo eran sencillamente insustituibles.

Por lo demás, la caballería polaca fue empleada como fuerza estable de primera línea, restando así todo su potencial para la sorpresa y el rápido apoyo allí donde resultara necesaria, lo que hizo que las unidades montadas perdieran sus mejores capacidades.

Mención especial de las hostilidades en aquellos primeros días merece la incursión del 2 de septiembre de la Brigada de Caballería *Wielkopolska* en la ciudad prusiana de Fraustadt, que durante unas horas estuvo en manos polacas y que fue la primera localidad alemana ocupada por fuerzas extranjeras en la Segunda Guerra Mundial.

Y así hasta la batalla de Bzura, que comenzó el 9 de septiembre, en la que la que el Ejército de Poznan jugó un papel protagonista para intentar frenar el avance alemán hacia Varsovia y que constituyó tanto la última victoria parcial de los invadidos como el enfrentamiento decisivo para abrir las puertas del resto del país a la maquinaria de guerra nazi.

Apenas unas semanas después y ya entrado el mes de octubre, ese huracán desconocido hasta entonces que comenzó el 1 de septiembre en suelo polaco alcanzó sus últimos objetivos militares para dar comienzo a uno de los episodios capitales de nuestra historia, sin el que es imposible entender lo que somos en la actualidad.

La batalla de Bzura y la contraofensiva polaca

Javier Velasco Oliaga
Periodista y escritor

GETTY

El 1 de septiembre, la aviación alemana realizó la primera incursión en territorio polaco sin previa declaración de guerra. La Segunda Guerra Mundial acababa de comenzar y pese a las promesas de Francia y Gran Bretaña, Polonia quedó a merced de las tropas alemanas y sin la prometida ayuda de las fuerzas aliadas, en especial la de Francia.

El avance de las divisiones panzer alemanas se produjo en tres frentes distintos. Por el norte, avanzaron hacia Varsovia las tropas mecanizadas del coronel general Heinz Wilhelm Guderian, que dirigió el principal contingente de tanques, el XIX Cuerpo Motorizado reforzado por la 10ª División Panzer, con el apoyo de la Armada *(Kriegsmarine)* desde el Mar Báltico. Por el oeste, el coronel general Erich Hoepner, al mando del XVI Ejército, y el coronel general Johannes Blaskowitz (que sería uno de los máximos responsables alemanes en la batalla de Bzura), al mando del VIII Ejército, avanzaron con sus divisiones de panzer hacia Katowice, Lodz y, finalmente, Varsovia. Por el sur, desde Eslovaquia, entraron las tropas del mariscal de campo Wilhem List, responsable del XIV Ejército, y el mariscal de campo Walter von Reichenau (militante del NSADP y responsable del famoso juramento de los militares de fidelidad al Führer), al mando del X Ejército, que se dirigieron hacia Cracovia y este de Polonia.

La caballería polaca en Sochaczew, ciudad a orillas del río Bzura de la que sería expulsada por las fuerzas alemanas el 15 de septiembre de 1939.

En 1941, casi todos estos generales participarían en lo que sería la gran locura de Hitler: la Operación Barbarroja de invasión de la URSS.

Con este planteamiento, las tropas alemanas se movieron por Polonia a una gran velocidad –en lo que se conocería como *blitzkrieg* o guerra relámpago–, siempre con el apoyo fundamental de la *Luftwaffe*. El ejército polaco no supo preparar un dispositivo eficiente de defensa, algo que se vio claro desde un primer momento. El Estado Mayor creía que esa época sería lluviosa, como siempre, y que el agua y el barro retrasaría el despliegue alemán y les darían una ventaja táctica, pudiendo así mover a la caballería a su antojo. Pero, desafortunadamente para los polacos, el final del verano y el comienzo del otoño de 1939 fue mucho más seco de lo habitual, de modo que las tropas acorazadas alemanas pudieron desplegarse a gran velocidad por todo el territorio del país invadido. Sin duda, uno de los grandes errores del Estado Mayor polaco fue no haber emprendido la modernización de su ejército a tiempo. Fiaron a su unidad de élite, la caballería, la defensa de un país muy extenso y con una mala red de comunicaciones, tanto viaria como de ferrocarril, y resultó una misión imposible.

Al verse superadas las tropas polacas en los primeros días de batalla, se decidió que se fueran replegando hacia el interior del país. En tan sólo una semana de combates, el frente estaba totalmente hundido. La aviación alemana había destruido no sólo infraestructuras fundamentales, también había arrasado las comunicaciones del país. Varsovia se veía amenazada por el sur, el oeste y el norte. La jugada última que les quedaba por realizar a los polacos sería reforzar una línea defensiva en el río Vístula como recurso final.

El primer enfrentamiento entre las divisiones panzer y la caballería polaca se produjo en los claros de los bosques que rodean el poblado

AGE

El coronel general Erich Hoepner (1886-1944) en 1941. Sería condenado a muerte y ahorcado con cuerdas de piano tras la Operación Valquiria (1944).

GETTY

Johannes Blaskowitz (1883-1948) llega al Castillo de Praga, el 19 de marzo de 1939. En 1940, sería destituido por condenar las atrocidades de las SS en Polonia, y readmitido de nuevo.

de Mokra, a 60 kilómetros de la ciudad de Katovice, en las cercanías de la frontera entre Polonia y Alemania, durante los primeros días de la invasión. Los protagonistas de la batalla de Mokra fueron la 4ª División Panzer, del general de división Georg-Hans Reinhardt, por el bando alemán, y por el polaco la brigada de caballería Wolynska, del coronel Julián Filipowicz, que contó con el apoyo del tren blindado 'Smialy'. E, increíblemente, una brigada de caballería pudo hacerle frente a una división panzer.

Los generales alemanes se mostraron descoordinados y sus tropas sufrieron numerosas bajas bajo el fuego polaco de los fusiles anticarro wzór –que portaban los jinetes de la caballería– y los cañones antitanque Bofors de 37 mm., dos armas mortales para cualquier tanque de la época. Además, las fuerzas polacas estaban sólidamente atrincheradas. Una estimación bastante fiable de las pérdidas alemanas arroja la cifra de cincuenta carros y vehículos acorazados. Y, si no llega a ser por la habi-

Walter von Reichenau (1884-1942), en 1934. Como jefe de la Oficina Ministerial de la Reichswehr, era el enlace entre el Partido Nazi y el Ejército alemán.

GETTY

El 'Pilsudczyk', uno de los trenes blindados que Polonia utilizó en la contraofensiva a la invasión nazi en 1939.

lidad de los aviadores de los Stukas, las cifras hubiesen sido mayores. Si bien los jinetes polacos consiguieron diezmar a los alemanes, finalmente la tecnología dio la victoria a estos.

No hay duda de que la caballería polaca demostró una gran preparación técnica –en algunas ocasiones llegaron a luchar como tropas de infantería al perder sus monturas–, pero cabe reseñar que para algunos historiadores el enfrentamiento fue con una unidad alemana motorizada que contaba con algunos vehículos, pero no con blindados. El mito nacería de un periodista italiano que vio en el campo de batalla caballos muertos al lado de algún panzer averiado.

En cualquier caso, los contrapiés hicieron que el ejército polaco se replegase hasta el río Vístula por el norte, y al río Bzura por el oeste, en la esperanza de poder defenderse con ciertas garantías y parar el infernal avance de los alemanes. Sus tropas consiguieron en la primera semana de conflicto que se situasen a poco más de cien kilómetros de la capital polaca. Justo la distancia que separa Varsovia de la localidad de Kutno, ciudad con una fuerte presencia de judíos, eran aproximadamente un tercio de la población; y donde se produciría una de las batallas más importantes y sangrienta de la invasión de Polonia.

Heinz Wilhelm Guderian

Fue el más conocido y popular de los diez generales que comandaron las tropas alemanas en la invasión de Polonia. Como coronel general de la 10ª División Panzer, no fue uno de los mandos principales del ejército alemán en Bzura, pero sí acudió a reforzar a las tropas nazis que habían quedado rodeadas después de la primera contraofensiva polaca. De dilatada y exitosa carrera, Guderian (1888-1954) fue el mayor defensor de la *Blitzkrieg* o guerra relámpago y, de hecho, fue uno de los pioneros en aplicarla, intentando realizar los ataques de forma muy rápida y con el menor coste posible en vidas de sus soldados. Esta táctica de guerra le llevó a jugar un importantísimo papel en el desarrollo de las divisiones panzer. Guderian se enfrentó a los viejos oficiales de tradición prusiana para defender una nueva concepción de la guerra blindada. A comienzos de la invasión de Polonia, todavía se creía que la caballería jugaría un papel predominante, pero el conflicto demostró que Guderian tenía razón, y la caballería quedó totalmente obsoleta ante el avance de las nuevas unidades motorizadas y blindadas.

Las ideas de Heinz Guderian contribuyeron a las grandes conquistas del Tercer Reich en Europa. Y es que no solo demostró su habilidad e inteligencia militar en Polonia, luego participó en la triunfal invasión de Francia y en la conocida Operación Barbarroja (con la 2ª División Panzer). Para su desgracia, el fracaso de la Operación Tifón sobre Moscú provocó su destitución. Pero, como era un gran militar, muy querido tanto por los mandos del ejército como por los soldados, Adolf Hitler no pudo prescindir de él por mucho tiempo y creó un puesto para Guderian: la Inspección General de Tropas Blindadas. En dicho puesto tuvo la posibilidad de desarrollar distintos tipos de panzer, como los Panzer II, III y IV y el avanzadísimo Panther, los tanques más innovadores de las tropas alemanas en su momento. Posteriormente sería nombrado de forma interina jefe del Estado Mayor del Alto Mando del Ejército alemán.

Guderian se rindió a los estadounidenses en mayo de 1945, después de haber participado en la contraofensiva de Las Ardenas, y fue encarcelado. Si bien fue uno de los generales alemanes que más se implicaron en el régimen nazi, al acabar la guerra y cumplida una prisión de tres años se le concedió la libertad sin cargos. Rehabilitado por los aliados, intentó ocultar su relación tanto con Hitler como con el nazismo, mientras se dedicaba a escribir sus memorias, *Recuerdos de un soldado* (todo un éxito de ventas), y otros libros. En sus obras, Guderian se identificaba como el creador de la fuerza panzer alemana y con ellos contribuyó a impulsar varios mitos sobre el Ejército alemán de la Segunda Guerra Mundial y de la posterior posguerra, como la inocencia de la *Wehrmacht* en el genocidio judío y en otros crímenes. Murió en 1954 en la localidad de Schwangau, en Baviera. Pese a su evidente implicación con el régimen nazi, siempre fue considerado un héroe de guerra y uno de los mejores generales a las órdenes de Adolf Hitler.

SHUTTERSTOCK

Puente militar sobre el río Bzura, cerca de Witkowice, en la región de Masovia, Polonia.

El río Bzura es el principal afluente del Vístula, por su margen izquierda. Con poco más de cien kilómetros de longitud, nace en la ciudad de Lodz y desemboca en Wyszogród. La unión de estos dos ríos formaba una barrera natural que serviría para la defensa de Varsovia por el oeste, después de haber destruido los puentes sobre ambos ríos. A esa labor se pusieron las tropas polacas, pero no fueron lo suficientemente rápidas. Los panzer III y IV fueron mucho más veloces, pese a los problemas de suministro de carburante que tuvieron.

Viendo el Estado Mayor polaco que las tropas alemanas estaban muy extendidas por todo el territorio, decidieron organizar un contraataque para romper las líneas e intentar envolver a los alemanes. Estos acababan de conquistar Lodz el 8 de septiembre y las divisiones IX y XIII que lo habían hecho continuaron avanzando hacia el nordeste, mientras el X Ejército Alemán seguía su avance siguiendo el curso del río Bzura. La batalla en este enclave estaba servida. Duraría del 9 al 19 de septiembre y sería la mayor de todas las campañas de Polonia.

El Ejército Poznan, al mando del general Tadeusz Kutrzeba y formado por cuatro divisiones de infantería (14, 17, 25 y 26) y dos brigadas de caballería *(Wielkopolska y Podolska)* más el apoyo de otras seis divisiones, lanzó el contraataque el 9 de septiembre. El total de los hombres del ejército se elevó a los 225 000.

Otro de los protagonistas de la batalla fue el general de división Wladyslaw Bortnowski, responsable del Ejército de Pomorze. Encargado de la defensa del Corredor Polaco, al verse arrollado el primer día de la invasión, se replegó hacia el suroeste y unió sus fuerzas a las de Kutrzeba, es decir, a los restos de las divisiones que se habían encargado de la defensa de Pomerania y que también se vieron arrolladas, teniendo que replegarse. De ahí que el ejército polaco sumase tantos efectivos.

Los alemanes no irían a la zaga, pues las tropas nazis que lucharon en Bzura superaron los 400 000 hombres. Aún así, se vieron sorprendidos porque no esperaban un contraataque en Bzura. De modo que, durante esos dos primeros días, justo en el segundo fin de semana de la invasión, la iniciativa la llevaron los polacos y pudieron aliviar el cerco que los alemanes mantenían sobre Varsovia durante unos días.

En esos primeros compases de la batalla, que duraría hasta el 22 de septiembre, las tropas polacas se moverían por el flanco alemán del río. Fue la única ocasión en que tuvieron superioridad numérica, de tres a uno en infantería y de dos a uno en artillería. Además, lograron aglutinar unos 65 carros y tanquetas de combate frente a ninguno por parte alemana. Esta fue una de las pocas veces que el ejército germano se vio sorprendido por los polacos, tanto por el número de tropas como por la ferocidad de los ataques. Así que los alemanes decidieron replegarse ese primer día de la batalla y esperar los refuerzos mecanizados, volviendo a demostrar una flexibilidad y capacidad de reacción encomiables.

El Alto Mando alemán ordenó al futuro mariscal de campo Gerd von Rundstedt, que estaba empantanado en el cerco de Varsovia, que girase hacia el oeste con la 1ª y 4ª División Panzer. En esa marcha hacia Kutno se le sumaron la 3ª Leichter y dos divisiones de infantería, todas para ayudar a las 24ª y 30ª División que se habían replegado ante el sorpresivo ataque de los polacos y que habían sufrido graves pérdidas. La superioridad numérica alemana volvió a ponerse de relieve. Fueron 425 000 hombres los soldados alemanes que se enfrentaron a aquellos valientes polacos que realizaron el contraataque.

No habían pasado dos días cuando los polacos, que ya se encontraban en franca inferioridad, se dieron cuenta de que el efecto sorpresa no había tenido los efectos deseados. Ahora, se encontraban con que los alemanes les superaban en número, tanto en infantería, como en artillería, por no hablar de los blindados.

El III y el XVI Cuerpo de Ejército *(PanzerKorps)* se sumaron temporalmente al VIII para completar el cerco sobre los polacos. Debido a este cambio tan radical de la situación, Kutrzeba puso final a la ofensiva y comenzó a replegarse hacia Varsovia. Pero ya era demasiado tarde y las órdenes cambiaron: debía poner rumbo a Rumania para intentar evitar que su ejército cayera allí en manos de los alemanes. Volvió a ser tarde. Las nueve divisiones de infantería y las dos brigadas de caballería polacas ya estaban rodeadas por 19 divisiones alemanas, cinco de ellas de Panzer o Leichter. Kutrzeba intentó romper el cerco hacia el este, pero el ejército nazi se lo impidió el 16 de septiembre. Gran parte de culpa la tuvo la *Luftwaffe* que lanzó un ataque masivo contra el ejército polaco y paralizó la retirada. La ofensiva de la *Luftwaffe* rompió lo que quedaba de la resistencia polaca, en una impresionante demostración de poder aéreo alemán, que fue fundamental durante la batalla. Además, el XVI Cuerpo de Ejército volvió a atacar para detener la huida.

Miembros del XIX Cuerpo Motorizado nazi ofrecen cigarrillos a los soldados de un regimiento de tanques soviéticos en Brest-Litovsk (Polonia), en septiembre del 39.

ALBUM

El general polaco al ver la imposibilidad de seguir hacia el este, intentó un repliegue hacia la capital, pero aquella vía de escape estaba bloqueada por el X Ejército Alemán. Al día siguiente, tuvo lugar un enfrentamiento en el sector del bosque de Kampinos que ocupaba la 4ª División Panzer, y dos brigadas de caballería y otras dos de infantería lograron romper el cerco y huir hacia Rumania. El resto de las fuerzas caerían prisioneras el 21 de septiembre. Se calcula que unos 600.000 soldados polacos fueron hechos prisioneros, entre ellos el propio general Kutrzeba.

La ventaja de la maquinaria alemana se dejó sentir en las últimas escaramuzas de la batalla de Bzura dando por concluido el contraataque polaco donde se puso más corazón que eficiencia. El día 18, cuando por fin se desmoronó la resistencia polaca, aún se produjo un enfrentamiento entre los pocos carros de combate polacos que quedaban y los cada vez más numerosos panzer que siguieron cruzando la frontera hacia el frente. Las tanquetas TKS (armadas con un cañón de 20 mm) de la brigada Wolynska se enfrentaron con los Panzer 35 (t), los más avanzados del ejército alemán, del 11ª División Panzer. En una arriesgada acción, los tanques polacos lograron destruir un total de tres carros alemanes, incluído el del comandante, Prinz von Ratibor, en una emboscada en el bosque de Kampinos. No obstante, los cañones de 37 mm de los Panzer dieron buena cuenta de los escasos carros polacos, destrozando los pequeños vehículos blindados que habían sido diseñados como vehículos de reconocimiento y no de ataque (tenían que acercarse demasiado a los panzer para conseguir impactos mortales).

El 22 de septiembre sería el final de la batalla. El número de bajas alemanas ascendió a unos 8 000 muertos. Respecto a los carros de combate, se perdieron unos cincuenta tanques, cien vehículos blindados y veinte piezas de artillería, mientras los polacos tuvieron unas bajas de 18 000 muertos y casi el doble de heridos. Desaparecieron prácticamente todos los vehículos blindados del ejército polaco, así como su artillería.

Aunque los polacos habían metido en graves aprietos a la *Wehrmacht*, la previsible derrota a orillas del Bzura puso en evidencia, como el resto de la invasión de Polonia, tres grandes carencias del ejército polaco. La primera es que creyeron que el cuerpo de élite de la caballería podría enfrentarse con éxito a las unidades mecanizadas alemanas. Algo que desde el comienzo se evidenció como una quimera. La rapidez con la que se movieron los panzer les puso, desde el primer momento, fuera del alcance de la lenta caballería polaca. La segunda gran carencia fue la obsolescencia del ejército polaco. Pese a los problemas de movilidad alemana al comienzo de la invasión, siempre mantuvieron una superioridad numérica aplastante. El total del ejército alemán se acercó a los dos millones de soldados, mientras que los polacos no superaron los 900 000 efectivos, en parte debido a los retrasos que sufrieron en la movilización general. Si a eso añadimos que la potencia de fuego alemana –con los panzer y los cañones de su ejército– era muy superior a la de los polacos, poco se podía hacer para defenderse con solvencia. La tercera carencia fue las malas comunicaciones que había en Polonia, lo que produjo una mala coordinación de las tropas y una pésima movilidad, ya que al carecer casi por completo de tanques adecuados no pudieron manejarse por las llanuras polacas. Sólo estuvieron a la altura los tanques 7 TP, de fabricación británica, que tenían un cañón de 37 mm, y los cañones anticarro suecos Bofors. De los primeros, el ejército polaco contaría con unos cien y también poseían una cantidad de cañones bastante superior). La aviación polaca también estaba anticuada y con pocos efectivos. De los 1 900 aparatos que tenían, sólo unos cuatrocientos estaban en condiciones de enfrentarse a los Stukas o a otros bombarderos alemanes. Ni que decir tiene que la *Luftwaffe* era infinitamente superior.

Las fuerzas que se enfrentaron fueron ciertamente poco equiparables. La imagen de las unidades de caballería –que siempre se caracterizaron por su arrojo y su valentía– luchando espada en mano contra ametralladoras y fusiles es el mejor ejemplo de una lucha desigual que impidió que el ejército polaco resistiera lo que, en un principio, pretendía. Pese a sus quejas por la falta de ayuda de las potencias aliadas, el fracaso real de la guerra se debió a la falta de modernidad y a las pocas unidades acorazadas y de aviación que tenían.

Por el contrario, Alemania desplego un ejército más numeroso, moderno y flexible. Sus unidades, tanto terrestres como aéreas, eran muy modernas, mientras que las fuerzas polacas adolecían del material adecuado para la nueva forma de hacer la guerra. Si a eso unimos la falta de coordinación de sus tropas y la escasa preparación de sus mandos intermedios (aunque los mandos del Estado Mayor polaco estaban bien preparados), el resultado final no podía ser otro.

Con la finalización de la batalla de Bzura, la más larga y una de las más encarnizadas de las que se produjeron en la invasión de Polonia, se sentenció el futuro de Polonia.

GETTY

La lucha por Danzig

ISRAEL VIANA
PERIODISTA Y HISTORIADOR

«Todo se hizo negro de nuevo ante mis ojos», comentó Hitler, desde el hospital, cuando le informaron de que la Primera Guerra Mundial había terminado y que Alemania había sido derrotada. Tenía 29 años y se estaba recuperando del ataque con gas venenoso que había sufrido en el frente de Ypres cuando, pocos meses después, le comunicaron el segundo desastre: el Tratado de Versalles declaraba a Danzig ciudad-Estado libre y sería administrada conjuntamente por Polonia y la Sociedad de Naciones. Para el joven Adolf, aquel enclave «había sido arrebatado bajo coacción, con un revólver en la mano y amenazando a los germanos con la muerte por hambre», según denunció al llegar al poder en 1933.

Hitler no podía soportar, además, que a los polacos se les permitiera mantener una oficina de correos, derechos portuarios especiales y, a partir de 1924, hasta un arsenal en la pequeña península de Westerplatte, el cual sería protegido por un contingente de 88 soldados. Era consciente de que la ciudad y su corredor habían sido muy importantes para las comunicaciones y el comercio de Alemania y los convirtió en una de sus principales obsesiones y en el centro de su política exterior cuando se puso al frente del país. Danzig tenía que regresar a Alemania y tenía que hacerlo cuanto antes.

Carteros polacos capturados y escoltados por las SS, tras defender de los nazis la oficina de correos de Gdansk durante quince horas, el 1 de septiembre de 1939.

GETTY

Mujeres con la vestimenta tradicional polaca, en agosto de 1939.

La principal baza de Hitler era que la ciudad seguía contando con una población mayoritaria de alemanes, el 90 %, y una minoría polaca de casubios, la etnia que representaba el 10 % restante y hablaba su propio dialecto. Un buen ejemplo de esta complejidad cultural, que tanto odiaban los nazis en el periodo de entreguerras, es el caso del Premio Nobel de Literatura y Premio Príncipe de Asturias de las Letras en 1999, Günter Grass, que había nacido en Danzig, en 1927, de un padre alemán protestante y una madre polaca casubia católica.

Desde el Acuerdo de Versalles, la ciudad estaba regida por un Senado elegido democráticamente, pero las competencias exactas de Polonia sobre ella nunca quedaron definidas en un estatuto. Por eso, las fricciones con los nazis fueron constantes. En 1933, incluso, el Gobierno de Varsovia reforzó sus defensas de Westerplatte por lo que pudiera pasar. Construyeron búnkeres, denominados oficialmente 'cuarteles' para no llamar la atención, y añadieron protección reforzada con hormigón al pie de los barrancones y de la villa de los suboficiales. También establecieron siete puestos de guardia, dos de los cuales bloqueaban el acceso al continente a través del vulnerable istmo.

Y no les falló la intuición, porque tras la entrada de los nacionalsocialistas en el Ayuntamiento de Danzig, tras la elecciones municipales, comenzaron a pedir con insistencia el retorno de la ciudad a la madre patria. Un deseo que tomó cuerpo definitivamente cuando, en septiembre de 1938, durante un almuerzo en el Gran Hotel de Berchtesgaden, el ministro de Asuntos Exteriores del Tercer Reich, von Ribbentrop, le sugirió al embajador polaco en Berlín, Józef Lipsky, en una especie de amenaza velada, que aquella ciudad debía ser restituida.

En enero de 1939, fue Hitler quien aprovechó la visita del ministro de Asuntos Exteriores polaco, Józef Beck, para reiterar su petición, aunque en un tono más enérgico. Y en marzo todo quedó en suspenso cuando la *Wehrmacht* ocupó Checoslovaquia y recuperó Memel, una ciudad que también había sido declarada libre en Versalles. Todo parecía indicar que Danzig sería la siguiente, como indicó von Ribbentrop antes de que acabara el mes, al convocar de nuevo al embajador Lipsky y exponerle que, a partir de ese momento, toda injerencia en el corredor sería considerada una agresión al Tercer Reich y motivo de guerra.

El Führer firmó entonces una orden secreta para poner en marcha la invasión de Polonia, que debería empezar por su ansiada Danzig. Su conquista era de vital importancia, pues era una de las pocas salidas al mar con las que contaba el país y su capitulación significaba la imposibilidad del enemigo de responder por mar a los ataques alemanes. Con esa idea en la cabeza, el 25 de agosto de 1939, el acorazado *Schleswig-Holstein*, un viejo barco de entrenamiento construido entre 1905 y 1908 que había luchado en la batalla de Jutlandia en la Gran Guerra, llegó a las costas armado con 22 cañones. Aquel movimiento fue camuflado como una visita de buena voluntad, pero con la hora del golpe ya fijada: las 4:15 del día siguiente. En el último momento, sin embargo, Hitler se enteró de que Gran Bretaña había firmado un tratado de mutua

SHUTTERSTOCK

Antiguo búnker polaco en la costa de Hel, Pomerania (Polonia).

defensa con su presa y de que Mussolini se bajaba del carro, por lo que canceló de súbito la orden.

Los habitantes de Danzig sabían que aquello no era más que un pequeño respiro, porque llevaban mucho tiempo escuchando por las emisoras de radio germanas falsas noticias sobre las supuestas atrocidades que los polacos estaban cometiendo contra la minoría alemana. Hitler estaba preparando el terreno para encontrar una justificación pública, mientras la santabárbara del *Schleswig-Holstein*, llena de bombas, esperaba para desatar su furia, que se inició el 31 de agosto por la tarde, cuando el brazo derecho de Himmler, Reinhard Heydrich, puso en marcha el atentado de falsa bandera contra la emisora de radio de Gleiwitz, ciudad fronteriza de Polonia.

Justo a esa misma hora, el capitán de navío alemán Gustav Kleikamp, al mando del *Schleswig-Holstein*, ordenó llamar a su camarote al alférez Wilhelm Henningsen, que había embarcado una semana antes en Memel con los hombres de la infantería de la marina de la 1ª Flotilla de Minadores. Debían planificar el ataque sobre Westerplatte, cuyo contingente había pasado en las semanas anteriores desde los 88 soldados hasta los 210, de

Adolf Hitler llega a Memel el día después de la anexión de la ciudad al Reich, el 22 de marzo de 1939.

ASC

los cuales 27 eran reservistas civiles, en la madrugada siguiente. También habían construido seis nuevos búnkeres y siete puestos de campaña más, con una red de trincheras protegidas por alambradas que se extendían a lo largo de la península. Al mando de aquel emplazamiento estaba el comandante polaco Henryk Sucharski, consciente de que seguía siendo una fortaleza insuficiente, a pesar de las mejoras, para aguantar una embestida nazi. Solo contaba con un cañón de 75 milímetros, dos cañones antitanque de 37 milímetros, cuatro morteros y varias ametralladoras medianas, por lo que la orden era aguantar solo doce horas hasta que llegaran refuerzos.

Goebbels aumenta la tensión

En el verano de 1939, la cúpula del Partido Nazi recrudeció su campaña para soliviantar a la población que exigía el regreso de Danzig al Reich. Con la Operación *Fall Weiss* recién alumbrada y los motores de las divisiones Panzer calentándose, el ministro de Propaganda Joseph Goebbels acudió el 17 de junio a la ciudad libre para darse un baño de masas y le fue muy bien. Según narraron los diarios, incluidos algunos españoles, recorrió triunfalmente las calles engalanadas con banderas y fue recibido entre vítores por ciudadanos de ascendencia germana que gritaban: «¡Queremos volver a Alemania!».

Desde el balcón del edificio de la Ópera, Goebbels pronunció un discurso que poco tuvo de improvisado. Con su característico tono enfervorizado, el que fuera uno de los maestros de la propaganda durante los años treinta declaró que Danzig era una ciudad alemana y que su regreso a manos de Hitler era inevitable. «Vuestra resolución de volver a nuestra madre patria común es irrevocable e invencible. Solo un mundo malévolo, envidioso e incapaz de comprender puede querer intentar oponerse a esta atracción irresistible de pueblo a pueblo». Le detuvieron los aplausos, pero por un instante. Apenas acababa de empezar. «Vuestra ciudad se ha convertido súbitamente en un problema internacional». Acto seguido, cargó de frente contra las aspiraciones territoriales que el gobierno de Polonia había esgrimido en las jornadas anteriores. «Los polacos exaltados reivindican ahora la Prusia Oriental y la Silesia. Según su opinión, la futura frontera de Polonia deberá estar fijada por la línea del río Oder». En este punto, se valió de la ironía: «Nosotros nos preguntamos por qué no piden a Alemania que les dé también el Elba o, incluso, el Rin, donde podrían encontrarse con su nueva aliada, Inglaterra. Pero eso no será, porque el Reich posee el Ejército más fuerte del mundo». Terminó con las mismas palabras que Hitler había repetido ya en varias ocasiones: «Danzig es una ciudad alemana y quiere regresar al Reich. El mundo lo debería haber comprendido».

Aquel discurso abrió la caja de los truenos. En los días posteriores y con la ayuda de Heinrich Himmler se crearon en la ciudad dos unidades (la *SS-Heimwehr Danzig* y la *Verstärkter Grenzaufsichtsdienst)*, a las que se dotó con armamento pesado desde el Reich. Sus miembros hicieron todo lo posible para aumentar la tensión con Polonia y preparar el escenario para un incidente internacional. La violencia creció hasta que, el 20 de julio, fue asesinado a tiros un guardia de fronteras polaco. La comunidad internacional fue avisada, pero no hizo nada. Era la era del apaciguamiento y nadie quería enfadar a los nazis.

AGE

Goebbels (arriba, en el atril) habla en un acto en Neuteich con motivo de las elecciones al *Volkstag* en Gdansk.

GETTY

Hitler saludando al capitán Gustav Kleikamp, comandante del *Schleswig-Holstein* (en el centro está el jefe de la cancillería estatal, Hans Heinrich Lammers).

Kleikamp y Henningsen establecieron que los 225 hombres de la compañía de infantes de marina deberían estar situados en posición, al este de la desembocadura del Vístula, una hora y media antes de que comenzase el bombardeo sobre Westerplatte. En principio, no tenían de qué preocuparse, porque el general Friedrich-Georg Eberhardt, al mando de la Policía de Danzig, les había asegurado que contarían desde tierra con su apoyo y con el de los 1 275 miembros de la *SS-Heimwehr Danzig*, una organización alemana que había sido declarada ilegal en la ciudad. En total, 1 500 nazis contra los doscientos polacos que protegían Westerplatte, que escribirían una de las páginas más impresionantes de la Segunda Guerra Mundial.

A las 18:35 del 31 de agosto, la máquina Enigma del acorazado recibió la orden en clave para iniciar el ataque. A continuación se informó a todos los oficiales y, entre las 23:30 y la 1:45 de la madrugada del día 1, la infantería de marina desembarcó en Danzig y contactó con la mencionada Policía. Después situaron sus ametralladoras al sur y al norte del canal y esperaron. A las 4:45, el *Schleswig-Holstein* se puso en zafarrancho de combate y lanzó desde el mar los primeros obuses de 280 milímetros sobre la guarnición de Westerplatte, con el objetivo de que los polacos bloquearan su incursión y lanzaran una contraofensiva desde el puerto. También querían destruir la fortaleza y las baterías terrestres que se encontraban dentro del radio de acción de su artillería, sobre todo las de 15 centímetros que estaban emplazadas en los barrios de Oxhöft y Hochredlau.

El ataque cogió por sorpresa a los habitantes de Danzig, que en los ocho minutos siguientes vieron cómo caían sobre los muros exteriores de la fortificación ocho proyectiles de 280 milímetros, 59 de 155 y 600 de 20, con los que pretendían abrir una brecha que allanase el camino a los infantes que guardaban en tierra. Después de cesar el fuego, tres pelotones se lanzaron hacia el muro exterior con el apoyo de las ametralladoras. Uno de ellos logró volar la entrada exterior que, en principio, les iba a permitir atravesar el puente natural que llevaba hasta la fortaleza, pero al intentar cruzarlo se encontraron con una dura resistencia. El fuego de cañón de 75 milímetros detuvo a los ingenieros nada más avanzar quinientos metros.

A las 6:22, incapaces de continuar, los alemanes se retiraron a sus posiciones iniciales y pidieron por radio que se reiniciara el bombardeo sobre Westerplatte con toda la artillería disponible. Danzig se despertó sobresaltada por el ruido de los bombardeos y por las columnas de humo que se elevaban desde los depósitos de combustible del puerto al explotar en su interior. Por la mañana, la aviación nazi no pudo realizar el ataque aéreo previsto por el mal tiempo, pero el avance terrestre continuó hasta encontrarse con la férrea defensa de la pequeña guarnición de Westerplatte. Los polacos también se vieron obliga-

ASC

Tumba simbólica de Józef Wsik en el Cementerio de las Víctimas del Hitlerismo en el barrio de Zaspa, en Gdansk (Polonia).

dos a retirarse y protegerse en la fortaleza, aunque al final del día estaban mucho mejor de lo que esperaban.

Para sorpresa de Hitler, aquel primer día de combates en Westerplatte había costado a los germanos 82 bajas. La guarnición y el arsenal, por lo tanto, seguían resistiendo. Eso no impidió que, esa misma mañana, diera un discurso ante el *Reichstag* sobre el inicio de la guerra contra Polonia, en el que Danzig tuvo un protagonismo especial. «Desde hace años estamos sufriendo bajo la presión de un problema que se planteó en el Tratado de Versalles y cuyas consecuencias nos son ahora insoportables. Danzig ha sido y es una ciudad alemana. El corredor ha sido y es, también, alemán. Danzig fue separada de nosotros, los polacos se anexionaron el corredor y, como en todas las regiones alemanas del este, los habitantes de dicho corredor han sido maltratados de manera intolerable. En 1919 y 1920, más de un millón de hombres con sangre alemana tuvieron que abandonar su patria [...]. Por eso estoy resuelto a continuar esta lucha hasta el fin», advirtió.

El único consuelo para los alemanes en aquel momento era que habían masacrado a los defensores de la Oficina de Correos, el segundo punto de Danzig donde se concentró la lucha de la ciudad. Hasta allí se había trasladado un contingente de policías, afines a los nazis al mando de Willi Bethke, que rodeó el edificio a las cuatro de la mañana, 45 minutos antes de que el acorazado *Schleswig-Holstein* iniciara su bombardeo sobre Westerplatte. Después cortaron las líneas de teléfono y la electricidad y, a la hora señalada, comenzó el intercambio de disparos con los sitiados.

A las 11:00, la *Wehrmacht* envió dos cañones de 75 milímetros y un obús de 105 de apoyo, pero la ofensiva fue contenida. A las 15:00, los alemanes declararon un alto el fuego provisional de dos horas exigiendo la rendición de los polacos, pero estos optaron por resistir. Mientras se llevaban a cabo las negociaciones, zapadores nazis cavaron túneles bajo los cimientos del edificio y colocaron seiscientos kilogramos de explosivos. A las 17:00 fueron detonados, destruyendo parte de la pared de la sede, por donde se lanzó entonces el tercer ataque con el apoyo de la artillería. Capturaron la mayor parte del inmueble, pero el sótano se resistió. Frustrado, Bethke solicitó a los bomberos una cisterna, que llenaron de gasolina para inundarlo y prenderle fuego con granadas. Las llamas les obligaron a entregarse, empezando por el director, Jan Michoń, y el comandante Józef Wąsik, que fueron fusilados de inmediato. Se contabilizaron 16 heridos, de los cuales seis acabaron falleciendo en el hospital de la Gestapo, incluida una niña de diez años. Los otros veintiocho supervivientes fueron arrestados y torturados, junto a otros cuatrocientos ciudadanos de Danzig, en la Escuela Victoria. Se desconoce su destino.

En Westerplatte, los doscientos polacos continuaban resistiendo al asalto, mientras la ciudad era tomada a una velocidad de vértigo tras la caída del edificio de correos. Los nazis no querían perder más hombres y decidieron esperar el apoyo de la *Luftwaffe*. Este llegó el día 2, cuando el tiempo mejoró y los *stukas* pudieron despegar y perpetrar un devastador bombardeo que mató a ocho soldados y destruyó el búnker número 5, la emisora de radio, las bombas de los depósitos de agua, los morteros y los antitanques sin apenas oposición.

Pese a la heroica resistencia de Danzig, en el resto de Polonia la campaña nazi avanzaba inexorable. En Westerplatte, se siguieron repeliendo los ataques de manera incomprensible. Se cree que Sucharski tuvo un momento de flaqueza momentáneo el día 2, cuando sugirió la posibilidad de rendir el fuerte. Según algunos supervivientes, sufrió una crisis nerviosa, pero el resto de suboficiales le quitaron la idea de la cabeza. Hitler estaba desesperado. No entendía cómo aquella pequeña fortaleza que debería haber sido arrasada en unas horas estaba resultando imposible de conquistar.

SHUTTERSTOCK

El campo de concentración de Stutthof

En 2020, más de ocho décadas después del estallido de la Segunda Guerra Mundial, las declaraciones del nonagenario Bruno Dey dieron la vuelta al mundo: «Quieroolvidar y no volver a repasar esto». El hecho traumático al que se refería era la colaboración en el asesinato de más de medio millar de almas durante su etapa como guardia en Stutthof, el primer campo de concentración levantado por el Tercer Reich fuera de las fronteras de Alemania; para ser más concretos, en una zona boscosa al este de Danzig. La sentencia, dos años de prisión, puso de manifiesto las tropelías perpetradas por el Tercer Reich en la que, durante muchos años, había sido su ciudad anhelada.

La pesadilla de Stutthof arrancó en septiembre de 1939, poco después de que los nazis se hicieran con la ciudad de Danzig. Por entonces no era más que un campo de internamiento civil para díscolos alejados del régimen, pero todavía le quedaba mucho camino por andar. En 1941, pasó a ser un campo de educación laboral y, tras dos años, un campo de concentración regular regentado por las temibles SS. A partir de entonces, decenas de miles de personas fueron deportadas y encerradas en su interior. Las cifras bailan, aunque el United States Holocaust Museum baraja que hasta 100 000 almas pasaron por sus barracones. De ellas, el 60 % fueron asesinadas. Unas en los campos de trabajo, otras, las que más, en la cámara de gas instalada por los nazis en junio de 1944.

Las condiciones, según presos como Steven Springfield, eran pésimas en Stutthof. Su caso fue similar al de muchos: tras pasar por una infinidad de centros de reclusión, fue enviado a este campo cercano a Danzig y obligado a trabajar de sol a sol en una empresa de construcción naval. Tuvo más suerte que otros y sobrevivió a las epidemias de tifus que se extendieron en 1944, así como a las bajas temperaturas y la violencia derrochada por las muchas guardianas nazis que les supervisaban. Leo Kutner pasó por el mismo infierno, aunque, en lugar de prestar servicio en las fábricas de armamento y de aviones Focke-Wulff que se inauguraron después, tapizó muebles para las SS y excavó zanjas en los alrededores.

En enero de 1945 comenzó el principio del fin del campo. Ante la llegada de los aliados, los nazis iniciaron una serie interminable de marchas de la muerte. El objetivo: que ninguno de los presos contara lo que había visto allí. Al entender que era imposible trasladarlos a todos, se desataron las matanzas. Unos 5 000 judíos fueron llevados a la costa del Báltico y ametrallados en las aguas. Otros tantos miles se ahogaron durante una evacuación a toda prisa cuando los soviéticos llamaban a las puertas. El punto final del calvario arribó el 9 de mayo de ese mismo año, cuando Stutthof fue liberado.

El 6 de septiembre tuvieron una idea descabellada: lanzar un tren kamikaze envuelto en llamas contra sus defensas, para abrir una brecha por la que pudiera entrar la infantería, pero el aterrorizado maquinista lo desacopló demasiado pronto y no logró alcanzar la cisterna de aceite que había dentro del perímetro polaco. El plan se volvió contra ellos, pues los vagones ardiendo dejaron un campo de tiro perfecto para los defensores, que causaron numerosas bajas entre los alemanes.

El 7, tras seis días de ser machacadas sus posiciones sin descanso por la artillería y la aviación y repeliendo continuos asaltos, la situación de los sitiados de Westerplatte, sin agua y con los heridos hacinados en barracones, era insostenible. Finalmente, a las 9:45, Sucharski alzó la bandera blanca entre las ruinas y anunció la capitulación. Había cumplido de sobra las órdenes de aguantar doce horas. Prueba de ello son las cerca de doscientas bajas de los germanos, a los que habría que sumar otro centenar de heridos, por solo quince de los defensores y cincuenta heridos más. Se cuenta que, al ver salir a los polacos, los soldados nazis se cuadraron ante sus enemigos en señal de respeto.

Si bien el caso de Westerplatte y Danzig fue aislado, pues para ese día el resto del corredor y Polonia ya habían caído, algunos historiadores creen que esta ciudad tuvo más influencia de lo que se cree, pues de ella aprendieron los aliados que el uso abusivo de la artillería no era suficiente para conseguir un triunfo rápido, que la capacidad de resistencia humana era imprevisible y que era necesario tener mejor información sobre el enemigo. Aquella ciudad demostró a los alemanes que no eran invencibles.

El asedio de Varsovia

PACO ÁLVAREZ
GEÓGRAFO E HISTORIADOR

GETTY

Desde el mismísimo primer día de la Segunda Guerra Mundial, Varsovia fue una ciudad bombardeada. Al igual que ocurrió con Madrid en la Guerra Civil, los asaltantes pensaban que una campaña de terror desde el aire (después suplementada con artillería) sería suficiente para desmoralizar al enemigo y obligarle a rendirse. Nada más lejos de la realidad. Como pasó en Madrid y como también sucedió al año siguiente con los bombardeos de Londres, el sufrimiento de la población de la capital solo sirvió para reforzar la moral de los defensores, que asumieron que ya no tenían nada que perder y lucharon contra la barbarie que había convertido a los civiles indefensos en víctimas de las bombas y los obuses.

Se calcula que al menos el 10 % de los edificios de Varsovia fueron totalmente destruidos en el asedio de septiembre de 1939, y otro 40 % adicional sufrieron grandes daños. Los muertos civiles, por primera vez, eran muchos más que los combatientes en una batalla. Según algunas fuentes, más de 25 000 habitantes de Varsovia fallecieron en el asedio y otros 50 000 resultaron heridos de gravedad. Muchos fallecieron poco después. Los soldados polacos tuvieron unas bajas estimadas en 6 000 muertos y 16 000 heridos, además de unos 100 000 prisioneros, de los que muy pocos sobrevivieron a la guerra. Los alemanes nunca publicaron sus bajas, calculadas en 1500 fallecidos y algo más de 5 000 heridos. Estamos ante una

Una de las salas del hospital católico más grande de Praga-Południe (un suburbio de Varsovia), después de que el edificio sufriera cinco impactos directos de bombas alemanas.

batalla trascendental. Una lucha con decenas de miles de bajas, la mayoría civiles, pero sobre la que se ha escrito muy poco. Vamos a intentar arrojar un poco de luz sobre los oscuros acontecimientos que tuvieron lugar, ese aciago mes de septiembre de 1939, en la capital polaca.

El primer día de septiembre era viernes. Los bombardeos aéreos sorprendieron a los civiles yendo al trabajo y sin saber qué estaba pasando. Las fuerzas armadas polacas se aprestaron a defender su capital. La Brygada Pościgowa, o Brigada de Persecución, de la fuerza aérea polaca contaba con cincuenta cazas al mando del coronel Pawlikowski. Eran aviones de fabricación nacional de los modelos PZL P.7 y PZL P.11, que, si bien a principios de los años treinta eran modelos de última generación, para el 39 se habían quedado bastante obsoletos ante los Messerschmitt alemanes. A pesar de todo, consiguieron derribar por lo menos 43 aparatos enemigos. Por desgracia, el 7 de septiembre, solo 6 días después del comienzo de la invasión, la heroica brigada había perdido 38 aparatos y tuvo que ser retirada del combate. Para defender Varsovia de los ataques aéreos, que continuaron diariamente, las baterías de artillería antiaérea se convirtieron en la única defensa posible. Agravando más la situación, de los 86 cañones que protegían los cielos de Varsovia al principio de la campaña, para el día 5 habían sido retirados 44 por orden del alto mando para proteger otros frentes.

Los bombardeos se hicieron tan continuos que las sirenas ya no sonaban anunciándolos. Ocurrían durante todo el día y casi todas las noches. En una carta escrita por un vecino esos días puede leerse: «Nuestra vida ahora es un continuo viaje de ida y vuelta entre el apartamento y el sótano. Ahora está claro para todos que, aunque nosotros no estemos en el frente, el frente está sobre nosotros. La guerra se lucha sobre nuestras cabezas».

Se calcula que para el día 10, en la primera fase del asedio, en cualquier momento del día había al menos setenta aviones alemanes sobrevo-

ASC

Stefan Pawlikowski (1896-1943), retratado antes de 1936 con el rango de mayor del Ejército polaco.

GETTY

El líder del Escuadrón nº 303 de la RAF polaca, Jan Zumbach (izda.), y el teniente Eugeniusz Horbaczewski posan en 1942 junto a un Supermarine Spitfire Mk VB en la base de Lindsey, Lincolnshire (Inglaterra).

lando la ciudad; a estos grises pájaros de plomo se sumó, para el día 8, la artillería de campaña, que causaba todavía más bajas entre la población, aunque fuera menos espectacular.

Afortunadamente, la fuerza aérea nazi, la *Luftwaffe*, no se coordinaba en absoluto con el Ejército. Eran armas separadas, comandadas por distintos criterios. Göring dirigía la primera a su antojo, pensando que sus preciosos aviones y sus tácticas de terror eran suficientes para rendir la ciudad. También arrojaban panfletos conminando a rendirse a la población, pero redactados en un polaco lleno de erratas, como recuerda un vecino de Varsovia: «Recibíamos panfletos entre las bombas todos los días, nos reíamos de lo mal escritos que estaban, llenos de errores en polaco... Mientras, las bombas seguían cayendo».

Julien Bryan, el periodista americano que fotografió y filmó para la posteridad el asedio de Varsovia, fue testigo de la barbarie nazi; por ejemplo, cuando encontró en un huerto de las afueras los cadáveres de varias mujeres que habían sido ametralladas por un avión alemán mientras intentaban desenterrar algunas patatas del sembrado para paliar la hambruna que el asedio había provocado. El hijo pequeño de una de ellas, sentado junto a su madre muerta, esperaba en vano que se levantara de nuevo.

No fue un suceso casual. Los aviones nazis atacaban sistemáticamente a la población. No solo destruían los edificios militares: se bombardearon directamente mercados, escuelas, hospitales y servicios públicos. Los destrozos complicaron el suministro de agua corriente en la ciudad y muchas veces no había ni para beber, ni mucho menos para apagar los incendios, que por la noche hacían inútil el mantener las luces apagadas, ya que manzanas enteras de la ciudad ardían iluminando el cielo y facilitando así los bombardeos.

En Rosh Hashana, el año nuevo judío, que ese año fue entre el 13 y el 15 de septiembre, al menos veinte manzanas del barrio judío de Varsovia fueron arrasadas, bombardeadas con bombas incendiarias, lo que mostró sombríamente el futuro que los nazis tenían reservado para los judíos en Polonia. Fue una catástrofe, y era solo el principio.

Un avión de combate alemán Messerschmitt Bf 109 de BFW en pleno vuelo durante 1937. Tenía estructura de metal, dosel cerrado y tren de aterrizaje retráctil.

GETTY

El fotógrafo norteamericano Julien Bryan consuela a una niña polaca de diez años que acaba de ver a su hermana mayor muerta, tras un ataque aéreo de la *Luftwaffe* sobre una zona rural de Varsovia, el 13 de septiembre de 1939.

Los otros asedios de Varsovia

Tras la caída de Varsovia, los judíos que sobrevivieron al asedio fueron obligados a recluirse en un barrio de la ciudad, el antiguo gueto, donde se calcula que llegaron a residir –en unos 11 000 metros cuadrados– unos 400 000 judíos. En noviembre de 1940, el gueto fue rodeado por las tropas nazis mientras se construía un muro que lo separaría del resto de la ciudad. Desde ese instante, estaba prohibido, bajo pena de muerte, abandonarlo y, además, los nazis controlaban el suministro de comida y medicinas. Pronto comenzaron las deportaciones del gueto a los campos de exterminio y, en 1943, quedaban en él solo unas 60 000 personas. Estaba claro que los judíos que eran trasladados terminaban asesinados en los campos de concentración. El lunes 18 de enero, varios resistentes se enfrentaron con los miembros de las SS que pretendían llevar a cabo una nueva deportación. El 18 de abril, tropas de élite apoyadas por blindados atacaron el gueto: se incendiaron los edificios y después fueron derruidos uno a uno, incluida la sinagoga. Para el 16 de mayo, el gueto había sido destruido y sus habitantes habían sido liquidados o trasladados a campos como Treblinka, donde la inmensa mayoría fueron asesinados. El himno del alzamiento del gueto de 1943 dice: «Aquí estamos con el dolor de nuestra canción; en el lugar que nuestra sangre ha regado, nuestra fe y nuestro valor brotarán».

El 1 de agosto de 1944, Varsovia se levantó de nuevo. A pocos kilómetros de la ciudad se encontraba el ejército soviético, que promovió el levantamiento de la Resistencia polaca –muy fuerte en la capital–, conocida como *Armia Krajowa* o Ejército Nacional. Este grupo de resistentes obedecía al gobierno polaco en el exilio y no estaba muy conforme con la Administración que los comunistas habían impuesto sobre el este del país, ocupado por los soviéticos. El alzamiento comenzó en varios puntos de la ciudad; aunque al principio les pilló por sorpresa, los alemanes se rehicieron enseguida (máxime cuando vieron que el ejército de Stalin se había detenido y no colaboraba con los insurgentes). Tras 63 días de lucha en los que, por segunda vez, la ayuda exterior no llegó, los pocos combatientes polacos que quedaban se rindieron el 2 de octubre. El 85 % de Varsovia había sido sistemáticamente demolido por los alemanes y se calcula que unos 250 000 ciudadanos, incluyendo a los combatientes, fueron masacrados por los nazis, que protegían el avance de sus tropas con niños y mujeres obligados a caminar delante de los tanques, evitando así ser atacados por los insurgentes. Los soviéticos tampoco permitieron que ingleses y americanos abastecieran desde el aire la ciudad. Las razones nunca han quedado claras. Stalin acabaría a la vez con cualquier intento interior coordinado de implantar una Polonia libre y democrática. De hecho, el país permaneció como un satélite soviético hasta 1989, exactamente cincuenta años después del asedio nazi a Varsovia.

Por tierra, Varsovia estaba defendida por el recién creado Mando para la Defensa de Varsovia (*Dowództwo Obrony Warszawy*), comandado por el general Czuma, un duro veterano curtido en viejos combates incluso en Siberia, pero equipado con pocas tropas para la que se esperaba fuera una batalla terrible.

El lunes 3 de septiembre, las tropas alemanas habían roto el frente en el sudeste y ya se dirigían sin oposición hacia Varsovia. El miércoles 6, el gobierno nacional abandonó la ciudad a su suerte y se trasladó a Brest-Litovsk (hoy Brzesc, en Bielorrusia). En su retirada el gobierno se llevó consigo la mayoría de las tropas, la policía, los bomberos... e incluso convocó a los varones aptos para el combate para retirarlos de la ciudad. El general Czuma y Starzyński, alcalde de la ciudad, se negaron a esa evacuación y organizaron las llamadas Guardias Civiles para sustituir a los funcionarios evacuados. Desde ese instante, Starzyński fue nombrado, además de alcalde, comisario civil, y fue quien coordinó a los vecinos para la construcción de trincheras y defensas en los barrios. Todos los días, Starzyński conminaba por radio a los habitantes de Varsovia a defender su ciudad y colaborar con las labores de desescombro y salvamento. Por cierto, los derrumbes causados por los continuos bombardeos fueron más que útiles para la construcción de esas improvisadas defensas que dificultaron, y mucho, los avances alemanes. El jueves 7 de septiembre se incorporaba a la lucha en la capital el Regimiento de Infantería polaco conocido como Niños de Lwów. Un refuerzo importante que sería el primero de una larga serie de tropas en retirada que terminaban su periplo en Varsovia.

Soldados polacos de la unidad de artillería antiaérea durante el asedio alemán de Varsovia, en septiembre de 1939.

ASC

Al día siguiente, solo una semana después de haber cruzado la frontera, algunos carros de la 4ª División Panzer llegaban hasta el suburbio de Ochota, al oeste de la ciudad. El Alto Mando alemán se apresuró a anunciar que habían tomado la ciudad, pero los Niños de Lwów, junto con la artillería disparando en tiro raso, contuvieron a los asaltantes, a veces con medidas tan espectaculares como inundar con trementina el pavimento y prenderle fuego cuando los tanques alemanes avanzaban, incendiando la calle y conteniendo con ingenio el asalto de los carros de acero. Al día siguiente, el sábado 8, 150 Stukas atacaron las posiciones polacas en el oeste, pero a pesar de todo los defensores resistieron en sus puestos hasta que las fuerzas alemanas se replegaron para parar la contraofensiva polaca del Bzura.

Era solo un respiro: los alemanes volverían demasiado pronto. Afortunadamente, las fuerzas polacas que se retiraron de esa batalla en el Bzura también engrosarían las defensas de Varsovia. Ese mismo día 8, el gobierno polaco, desde Brest-Litovsk, ordenaba la creación del Ejército de Varsovia bajo el mando del controvertido general Rómmel, que, pese a compartir apellido, no parece tener mucho más en común con su homólogo alemán en cuanto a capacidad militar.

La fortaleza de Brest (hoy Brzesc, en Bielorrusia) fue uno de los primeros bastiones soviéticos atacados por la Alemania nazi dentro de la Operación Barbarroja. En ella pueden verse las huellas de los proyectiles.

SHUTTERSTOCK

Único testigo

Mientras todo aquel que podía escapaba de Polonia, el periodista norteamericano Julien Bryan se bajaba del tren en una Varsovia asediada. Él fue los ojos del mundo al fotografiar y filmar los terribles momentos de ese septiembre negro. Por suerte, consiguió salir del país con sus películas y carretes pegados al cuerpo bajo la ropa, y así pudo contarnos el Asedio de Varsovia. Su testimonio es fundamental. Con el material rodado produjo un documental que fue nominado al Oscar y escribió un libro –*1939 Siege*– sobre el Asedio de Varsovia, y además sus fotografías fueron publicadas en las revistas *Life* y *Look* y mostraron al mundo el horror de la guerra moderna.

En el verano de 1939, estaba documentando la vida de los campesinos en Holanda cuando decidió viajar a Polonia. De allí escapó cuando comenzó la invasión, pero, «sin saber por qué», regresó a Varsovia para ser el único testigo de lo que allí ocurrió. Muchas ciudades fueron arrasadas durante la larga guerra, pero esta fue la primera, y el suyo, el primer testimonio de lo que se cernía sobre Europa.

Bryan contó cómo el hospital de maternidad de Varsovia había sido ya bombardeado cinco veces antes de que él pudiera visitarlo y comprobara que sus pacientes sobrevivían encerrados, junto con sus bebés y los sanitarios, en los sótanos. Fotografió edificios destrozados y retrató a niños en cuclillas en medio de los escombros contemplando la nada, con la mirada para siempre perdida. Suyas son las más terribles fotos de víctimas, de hijos llorando a sus madres, de personas que deambulan por las calles de Varsovia tras haber perdido su hogar, sus pertenencias y su esperanza, muchas veces solo para terminar ametralladas o borradas del mapa por los continuos obuses de la artillería. Bryan y su intérprete pasaron mucho miedo, pero, en sus propias palabras, «ninguno se atrevía a correr por lo que el otro pudiera pensar».

Pero también es suya la imagen de la esperanza: un niño rescata de los escombros un pájaro en su jaula, buscando que la vida continúe. Ese niño, Zygmunt Aksienow, que entonces tenía nueve años, sobrevivió a la guerra y se reconoció muchos años después en la foto del periodista.

El día 15, sábado, los nazis atacaron desde el norte con el Tercer Ejército, intentando tomar el este de la ciudad; tampoco esta vez lograron cumplir sus objetivos. El Regimiento 23 alemán fue destruido por los Niños de Varsovia, unidad al mando del entonces coronel Sosabowski, uno de los mayores héroes polacos de la guerra, quien luego, en 1944, tendría el mando de la primera brigada paracaidista polaca en la heroica operación aliada Market Garden.

La propaganda nazi, amparando su barbarie contra la población civil, declaró a Varsovia «fortaleza» –*Festung Warschau*–, pretendiendo convertirla así en legítimo objetivo militar. Realmente, los pocos fuertes que rodeaban la ciudad eran del siglo XIX y las trincheras y barricadas que la protegían fueron construidas a toda prisa por sus habitantes, muchas veces conminados a hacerlo por los mismos soldados. Se cuenta que un vecino tuvo que detenerse en su camino de vuelta a casa desde el trabajo hasta seis veces, para en cada ocasión colaborar en la excavación de alguna trinchera con los militares.

El día 17 de septiembre, los soviéticos, alegando que lo hacían para defender a sus nacionales, invadieron el este de Polonia. Varsovia y el resto del país estaban condenados. Nadie vendría jamás al rescate. Ya solo era cuestión de tiempo, cuestión de resistencia. Y los varsovianos todavía resistieron, todo lo humanamente posible y todavía un poco más.

Para el jueves 21, había trece divisiones alemanas rodeando completamente la ciudad. Ningún refuerzo era ya posible. En Varsovia, la comida escaseaba, las medicinas eran un sueño imposible, munición y armas sobraban, porque las bajas eran cada vez más. Los combatientes comenzaron a esconder, enterrándolas, armas y municiones para luchar algún otro día (muchas serían utilizadas en el alzamiento del gueto en el 43 y en la revuelta del 44).

El asalto en todos los frentes comenzó el sábado 23, día sagrado judío, pero los defensores mantuvieron sus posiciones, muchas veces creadas con los escombros de las casas destruidas por los bombardeos.

El 24 de septiembre, Hitler, cansado de la resistencia de la capital del Vístula, ordenó arrasar la ciudad. Era lunes. El último lunes que vería amanecer una Varsovia libre hasta muchos años después. Desde las ocho de la mañana, toda la artillería alemana y más de 1 000 aviones (1.200, según algunas fuentes) arrojaron más de seiscientas toneladas de bombas explosivas e incendiarias en la ciudad. Hasta entonces, nunca se había visto un bombardeo de tamaña magnitud. El ataque aéreo fue comandado por Wolfram von Richthofen, primo del famoso aviador conocido como el Barón Rojo en la Primera Guerra Mundial; otra época, cuando los pilotos eran caballeros. La enorme humareda que provocaron los bombardeos nazis, paradójicamente, empujó a que

AGE

Freiherr Wolfram von Richthofen en la Guerra Civil española, con el uniforme de comandante de la Legión Cóndor.

GETTY

Alemanes capturados por miembros del *Armia Krajowa*, el movimiento de resistencia polaco (alguno con uniforme nazi), en el Levantamiento de Varsovia del 20 de agosto del 44.

gran parte de las bombas arrojadas cayeran de manera indiscriminada sobre las tropas alemanas que ocupaban ya los barrios del noroeste de la ciudad.

Para el martes 26, estaba claro que toda resistencia era ya inútil. Abandonados por sus aliados occidentales y con el país invadido por los nazis desde el sur y el oeste y por los comunistas desde el este, aunque las tropas podrían resistir más tiempo, el sufrimiento de los civiles que habitaban la ciudad era insoportable. Rómmel comenzó negociaciones con los nazis para la rendición de la ciudad. Al día siguiente entró en vigor un alto el fuego y cuatro días después, el domingo 1 de octubre, exactamente transcurrido un mes desde el comienzo de la guerra, los alemanes entraban en Varsovia. La primera pieza del tablero había caído en las garras nazis. Le seguirían muchas más.

El general Czuma, comandante de las fuerzas que defendían Varsovia, fue hecho prisionero por los nazis tras la rendición de la ciudad, en octubre de 1939. Sobrevivió en campos de exterminio hasta ser liberado por los americanos en Murnau en 1944. Inmediatamente se unió al ejército polaco y luchó hasta el final de la guerra. Los soviéticos, a pesar de todo, le negaron la nueva nacionalidad polaca y tuvo que permanecer exiliado en el Reino Unido hasta 1962, año en que falleció en Gales. Ni siquiera pudo ser enterrado en Varsovia hasta 2004, tras el final del régimen comunista, que siempre negó que los soviéticos hubieran invadido Polonia en el 39. Historias como esta explican las dificultades a la hora de encontrar datos veraces y fuentes fidedignas sobre el asedio de Varsovia.

El general Rómmel organizó, junto con Starzyński y Czuma, la *Służba Zwycięstwu Polski*, el germen de la resistencia polaca que haría la vida imposible a las tropas de ocupación alemanas. Tras la batalla, Rómmel fue internado en diversos campos de concentración hasta ser liberado también por los americanos en 1945. Intentó unirse al ejército polaco occidental, pero no fue bien recibido por su dudosa actuación en el asedio de Varsovia. En cambio se integró en el nuevo régimen comunista polaco, donde fue tratado como un héroe hasta su retiro en 1947 con todos los honores. Falleció en 1967.

El alcalde de Varsovia, Starzyński, fue nombrado presidente de Polonia por los nazis, pero habiendo sido uno de los organizadores de la Resistencia, a la que ayudaba, fue varias veces arrestado por la Gestapo y desapareció. Hasta 2014 no se supo qué le había sucedido. La versión más aceptada es que fue asesinado en diciembre de 1939 por los alemanes.

Estos son solo algunos protagonistas del asedio de Varsovia, la primera capital en caer: la heroica, la tantas veces destruida y muchas más alzada de nuevo a manos de sus vecinos. Ni el terror ni la sangre ni la aniquilación más bárbara pudieron borrarla del mapa ni de la memoria de los hombres buenos. No se sabía entonces, pero Varsovia sería la primera de muchas ciudades que sufrirían también castigos terribles a manos de los señores de la guerra. Cuando los nazis rodearon Varsovia, asediaron no solo una ciudad; intentaron asfixiar el concepto mismo de libertad, intentaron aniquilar a sus ciudadanos, pero también sus sueños. La ciudad cayó, pero para alzarse de nuevo, sola y contra toda esperanza, contra el enemigo una y otra vez. Todos deberíamos sentirnos un poco vecinos de esa Varsovia que se merece figurar en el altar de las ciudades más heroicas. *Niech żyje Warszawa!*: ¡viva Varsovia, por siempre!

EL DRAMA DE LOS REFUGIADOS JUDÍOS

JAVIER JUÁREZ
ESCRITOR

GETTY

Polonia no era un nombre más de la diáspora judía. En su imaginario religioso e histórico, el territorio que había servido de colchón entre el Imperio ruso y los imperios centrales se había convertido durante siglos en el refugio de gran parte de los éxodos y expulsiones que había sufrido el pueblo judío en Europa. La invasión alemana de 1939 anuló trágicamente esa realidad y asoció el nombre de Polonia al del mayor exterminio de la historia.

Desde las expulsiones medievales de Francia o Inglaterra al éxodo de España en 1492, lo que hoy conocemos como Polonia había asimilado una parte importante de esa migración forzada, gracias a la política de tolerancia religiosa y a la creciente influencia de las comunidades que se asentaban y creaban lazos de acogida, identidad cultural y un próspero desarrollo. Así fue, con periodos de mayor o menor convivencia, hasta la absorción del territorio polaco por el Imperio ruso a finales del siglo XVIII.

Desde entonces, la mirada tolerante hacia la comunidad judía se transformó en una política de acoso y señalamiento, que obligaba a los judíos a establecerse en la llamada zona de asentamiento y recurría a los pogromos de forma habitual.

En las primeras décadas del siglo XX, los judíos polacos habían colaborado activamente en favor de la independencia del país tras la Primera Guerra Mundial. La mayoría hablaba yidis, una lengua propia de la

Un grupo de gente se arremolina en torno a un grifo de agua en una calle del gueto de Lodz, el segundo más grande de Polonia después del de Varsovia, en 1942.

comunidad asquenazi (judíos del centro y este de Europa) que derivaba del alemán y el hebreo, con independencia del conocimiento del polaco.

Unos eran sionistas y promovían la migración a Palestina, otros defendían la tradición ortodoxa sin salir de una tierra que consideraban suya y un tercer grupo propugnaba integrarse en la sociedad polaca sin mayor diferencia que una interpretación moderada del credo religioso.

La política también había erosionado la tradicional uniformidad. Un importante grupo se integraba en el ideario socialista, los llamados bundistas, con sus sindicatos e influencia en los movimientos obreros, mientras que los más ortodoxos asimilaban los movimientos nacionalistas y conservadores.

Expulsión de los judíos de España (año de 1492), pintado por Emilio Sala Francés en 1889. Museo del Prado, Madrid.

ASC

GETTY

GETTY

Izda., familia judía de Galicia (Polonia) celebrando el Pésaj de 1915 con dos miembros del ejército austro-húngaro. Dcha., mujeres del Bund (Unión General de Trabajadores Judíos) en 1907.

Ambos habían sufrido los convulsos años de ocupación rusa, pogromos y guerra, y también habían recibido ilusionados la Constitución de 1921 del nuevo Estado independiente que, por primera vez, reconocía la igualdad de derechos entre los polacos católicos y los polacos judíos. Numerosos judíos se erigieron en esa época en alcaldes y diputados de la *Sjem,* el Parlamento nacional.

En 1939, vivían entre tres y tres millones y medio de judíos en Polonia (el centro Yad Vashem de Jerusalén estima una población judía de 3 300 000 personas), aproximadamente un 15 % de la población total. La mayoría –dos de cada tres– se asentaba en poblaciones urbanas. En Varsovia convivían 375 000 ciudadanos judíos y era considerada la capital europea con mayor población hebrea.

Tras la invasión alemana, la política antisemita se aplicó de manera inmediata, tanto en la fracción anexionada al Tercer Reich (Prusia Occidental, Poznan, la Alta Silesia y la antigua Ciudad Libre de Danzig) como en el territorio ocupado bajo el control del llamado Gobierno General, que presidía Hans Frank.

A su vez, en la franja polaca invadida por la Unión Soviética como consecuencia del tratado nazi-soviético, se calcula que residía un tercio de la comunidad judía polaca. Moscú emprendió una campaña masiva de deportaciones hacia zonas del interior, aisladas y con necesidades de repoblación. Según datos del censo de 1941, unos 300 000 judíos fueron deportados durante los dos primeros años de ocupación soviética.

Desde un primer momento, Reinhard Heydrich, responsable máximo de la Oficina Central de Seguridad del Reich (RSHA), emitió una orden en la que impartía instrucciones sobre el tratamiento específico a la población judía en los territorios ocupados. Esta orden urgente disponía básicamente el traslado de las comunidades judías rurales a las ciudades y la constitución de los Consejos Judíos (*Judenrat*).

Los Consejos Judíos se organizaron a partir de 1940 como unidades de «gobierno» de la comunidad judía de cada ciudad, aunque en la práctica eran los encargados de trasladar y aplicar las medidas represoras de la autoridad alemana. En los núcleos urbanos de menos de 10 000 habitantes, el Consejo Judío lo integraban doce personas, que llegaban hasta veinticuatro en las ciudades de mayor población. Al frente del *Judenrat*, las autoridades alemanas nombraban un presidente y permitían la creación de una milicia o policía propia para mantener el orden, sin armas y sometida a la autoridad última del ocupante.

Brazaletes de los policías judíos en el gueto de Varsovia. Foto de principios de 1941.

ALBUM

La sublevación del gueto de Varsovia

La *Aktion* que, en enero de 1943, realizó el ejército alemán en el gueto de Varsovia con la intención de eliminar definitivamente a sus habitantes se topó con una resistencia armada hasta entonces insólita. Los alemanes salieron de los muros por primera vez con víctimas en sus filas y con la habitual sensación de dominio transformada en una desconcertante derrota. Luego, tras intentar vencer a los 50 000 habitantes por hambre, Himmler dio la orden final de aniquilar toda resistencia y reducir el gueto a escombros y ceniza. Así, el 19 de abril, una fuerza de más de 2 000 soldados alemanes entró en el recinto junto a ochocientos miembros de las SS y 360 colaboracionistas polacos.

La resistencia judía era endeble –su armamento consistía básicamente en pistolas y otras armas de poco alcance–, pero contaba con la ventaja de conocer el terreno a la perfección y de luchar desesperadamente por no entregar la vida. La Organización Judía de Combate (ZOB) que lideraba Mordejai Anielewicz había aprovechado los meses previos para construir una red de túneles y búnkeres desde los que practicar con eficacia la técnica de atacar y huir, consciente de que su única posibilidad era una estrategia de guerrilla frente a la superioridad alemana: sus efectivos reales para la lucha apenas llegaban al millar de hombres. Los combates iniciales demostraron el acierto de esa estrategia. Después de tres días de lucha sin avances significativos, el mando germano sustituyó al primer oficial al mando, Ferdinand von Sammern-Frankenegg, por Jürgen Stroop, un general de las SS especializado en la represión de unidades partisanas y temido por su brutalidad. Stroop aplicó una táctica de tierra quemada, consistente en incendiar los edificios del gueto para hacer salir a sus habitantes y evitar la defensa que desde los tejados practicaban los miembros de la resistencia. La lucha sin cuartel se estableció literalmente casa por casa y concluyó un mes después, el 16 de mayo de 1943. Los últimos supervivientes armados, ocultos en refugios subterráneos, fueron capturados y fusilados o eliminados con gases antes de poder salir. El acto final que simbolizó la destrucción del gueto y de la sublevación fue la voladura con explosivos de la Gran Sinagoga de Varsovia, que se encontraba fuera del recinto. En el informe que Jürgen Stroop elaboró personalmente para Himmler, escribió: «El gueto de Varsovia ya no existe». Según los datos del mismo informe, 13 000 judíos murieron en los combates y 37 000 fueron capturados con vida y deportados a Treblinka. Uno de los combatientes dejó escrito: «No luchamos para sobrevivir, sino para que nuestra muerte no sea en vano». Después de su captura, al final de la guerra, Stroop fue extraditado a Polonia y condenado a muerte. Se le ejecutó el 6 de marzo de 1952, en el mismo lugar donde había estado el gueto que él había destruido nueve años antes.

Junto a estas primeras medidas, las autoridades alemanas desplegaron una combinación letal de leyes y terror. En aplicación de las leyes raciales, se inició la confiscación de bienes, se prohibieron los matrimonios mixtos y se eliminó la presencia de trabajadores judíos en el sector público (escuelas, hospitales y universidades) y en ciertas empresas privadas, fundamentalmente en ámbitos estratégicos como la industria, el transporte o la electricidad.

Toda la población judía debía ser registrada y visiblemente identificada. Estaban obligados a portar un brazalete blanco con la estrella de David pintada en azul, o bien un distintivo amarillo con el mismo símbolo sobre el pecho.

Aún no se aplicaba la muerte sistemática ni se había diseñado la maquinaria del genocidio, pero eran diarios los escarmientos colectivos, la brutalidad y las detenciones arbitrarias. Fue especialmente difundida la acción de un grupo de soldados alemanes en el pueblo de Olkusz, el 31 de julio de 1940, el llamado «miércoles sangriento». Los judíos fueron obligados a concentrarse en la plaza del Mercado, les hicieron tumbarse en el suelo y fueron golpeados, robados y, algunos de ellos, desnudados. El rabino fue objeto de un ensañamiento singular.

A su vez, se toleraban los pogromos que algunos polacos llevaban a cabo de forma autónoma. Se han documentado al menos 22 ataques organizados por civiles polacos contra comunidades judías durante los primeros meses de ocupación. El más violento se registró en la ciudad de Jedwabne en 1941. Según el Instituto Nacional de la Memoria de Polonia, allí 340 ciudadanos judíos fueron detenidos por sus propios vecinos y quemados vivos.

A finales de 1940 y principios de 1941, la política antisemita dio otro salto gradual con el traslado masivo de la población judía a zonas urbanas

Judíos obligados a tumbarse en la plaza del Mercado de Olkusz el 31 de julio de 1940, el «miércoles sangriento».

AGE

GETTY

Transeúntes pasan junto a un hombre tirado en la calle en el gueto de Varsovia, en 1941.

aisladas: los llamados guetos. Se crearon veintiún guetos principales (la cifra aumenta hasta casi cuatrocientos si se incluyen pequeñas ciudades y zonas rurales) y uno más en la ciudad de Vilna, entonces territorio polaco y hoy capital de Lituania.

La estructura de los guetos perseguía el control estricto de la población judía en espacios reducidos y aislados. El más importante fue el de Varsovia, donde se hacinaban unas 400 000 personas, los 370 000 habitantes hebreos de la ciudad más los desplazados desde lugares cercanos. La población real se aproximaba a un tercio del censo de toda la ciudad de Varsovia, al que se destinaba poco más del dos por ciento del espacio urbano, cercado por un muro que ellos mismos habían sido obligados a levantar. Las instrucciones alemanas establecían la ocupación de una habitación por cada siete personas. El gueto de Lodz fue el segundo en tamaño y sumó a unas 200 000 personas.

El hacinamiento y la escasez empeoraron rápidamente las condiciones de vida, agravadas durante el invierno de 1941. Pronto se masificaron la desnutrición, las enfermedades y el contrabando. La tasa de mortandad alcanzó cifras insoportables y se multiplicaron los suicidios. Se calcula que el número medio de calorías consumidas por cada judío en esos meses apenas superaba las 250 diarias (el mínimo para una nutrición básica es de 1 500).

Los intentos de huida del gueto se castigaban con la muerte, así como cualquier ayuda por parte de la población no hebrea. Únicamente aquellos que tenían un permiso especial para trabajos autorizados por el Gobierno General podían abandonar el recinto amurallado y regresar tras cumplir una jornada en condiciones de trabajos forzados o esclavitud.

Varios judíos de Vinnitsa (Ucrania) son ejecutados por miembros de uno de los *Einsatzgruppen D* o escuadrones de ejecución nazis.

GETTY

Justos entre las naciones

A pesar del escenario de terror y muerte que implantó el régimen nazi, fueron numerosos los episodios de heroísmo y humanidad que ignoraron la pena de muerte que pesaba sobre cualquier persona que asistiera, ocultara o facilitara ayuda a la población judía.

Polonia es el país que atesora más «Justos entre las naciones», la distinción con la que Israel ha reconocido la labor humanitaria en defensa de los judíos durante el Holocausto, con 6 532 personas.

El caso más admirable fue el de Irena Sendler, conocida como el 'Ángel del Gueto de Varsovia'. Esta enfermera católica trabajaba en comedores sociales del Ayuntamiento de Varsovia en 1939. Durante los primeros meses de ocupación, suministró alimentos a diario a decenas de familias judías que habían sido expulsadas de sus trabajos y apenas tenían acceso a productos de primera necesidad.

Tras la apertura del gueto, Irena creó una red de colaboradoras que se adentraban en el recinto con la excusa de prevenir el tifus y otras enfermedades contagiosas. Contaban con la autorización del ejército ocupante, temeroso de que el tifus pudiera afectar a sus tropas. Con esa coartada, comenzaron a sacar a niños del gueto ocultos en carros, cajas, bajo ropa o en ambulancias. Irena solía portar un brazalete con la estrella de David para granjearse la confianza de los habitantes del gueto. Ella y sus colaboradoras salvaron a 2 500 niños de una muerte cierta.

Irena Sendler se convirtió en una de las integrantes más activas de la Zegota, el Consejo de Ayuda a los Judíos, un órgano clandestino creado por la resistencia polaca para salvar el mayor número posible de vidas de sus compatriotas.

En 1943 fue detenida por la Gestapo y soportó cautiverio y tortura, pero nunca confesó quiénes eran las familias que criaban y ocultaban a los niños que había salvado. Fue condenada a muerte, aunque en el último momento la Zegota logró sobornar a sus captores y pudo huir horas antes de ser fusilada.

Durante la sublevación de la ciudad de Varsovia, en la fase final de la guerra, ocultó la lista de las familias de acogida en dos frascos de cristal que enterró en su jardín, con instrucciones a una persona de su confianza para que, si ella moría, quedara constancia de quiénes eran los niños salvados y las personas que habían prestado su ayuda.

Tras la instauración del régimen comunista, la cuestión judía fue un tema vetado en el debate público y héroes como Irena Sendler fueron relegados al ostracismo. De hecho, sufrió persecución política por sus ideas democráticas y religiosas.

En 2007, fue propuesta para el Premio Nobel de la Paz por los gobiernos polaco e israelí. Sin embargo, el galardón lo obtuvo ese año Al Gore. Irena Sendler falleció en Polonia en el año 2008 a la edad de 98 años.

A pesar de que la sobrepoblación resultaba particularmente grave en Varsovia, la cualificación de muchos de sus habitantes permitió en los primeros meses dotar de ciertos servicios a la comunidad. Se autorizó la apertura de cuatro escuelas primarias, se disponía de una mínima atención médica y se imprimía prensa, a menudo de forma clandestina, en los tres idiomas que se hablaban en el gueto, el yidis, el hebreo y el polaco. Asimismo, se oficiaban servicios religiosos y ocasionalmente se organizaban conciertos.

El Consejo Judío intentó dignificar las condiciones de vida creando las llamadas cantinas de sopa, comedores sociales donde se servía un caldo que a menudo constituía la única comida diaria para la mayoría de los habitantes del gueto. Aun así, la expectativa de sobrevivir permitía hasta entonces burlar los pronósticos más funestos. El 22 de junio de 1941, Hitler ordenó el inicio de la invasión de la URSS. Ese día se escribió definitivamente el destino de la población judía de Polonia.

Así, a las medidas represivas que ya sufría la comunidad judía, desde el verano de 1941 se añadió un nuevo término asociado a la masacre indiscriminada: *Einsatzgruppen.*

Los *Einsatzgruppen* o grupos de operaciones eran unidades adscritas a las SS que se habían creado en 1939 como elementos de «limpieza» racial y política tras la invasión de Polonia. Sus integrantes eran comprometidos nacionalsocialistas, funcionarios policiales, miembros de las SS

Berlín, 1945. Tras un viaje en tren de cinco semanas, judíos deportados de Polonia rodean el carro que les trae pan: una barra al día para cuatro personas.

GETTY

y criminales comunes. Ya habían operado en territorio polaco desde el inicio de la guerra persiguiendo indistintamente a judíos prófugos y a la inteligencia polaca (profesores, políticos, militares o líderes civiles). El resultado fueron miles de asesinatos camuflados entre la estadística letal de la contienda.

La invasión de la URSS elevó la actividad criminal de estos grupos a las cotas más elevadas de sadismo y muerte. Inicialmente se organizaron cuatro grupos operativos, numerados con las letras A, B, C y D. Cada uno de estos cuatro grupos estaba integrado por entre quinientos y novecientos efectivos, hasta sumar un total de 3 000 hombres. Marchaban en la retaguardia del Ejército y, una vez que un territorio o ciudad quedaba bajo control, se entregaban a la persecución de sus objetivos prioritarios, al igual que en 1939: judíos, líderes polacos y, en este caso, también comisarios políticos.

Tras controlar la zona de Polonia bajo poder de la URSS, prosiguieron su actuación en territorio soviético, siendo especialmente activos contra las comunidades judías de Ucrania. Según la documentación incautada por los aliados, usada como prueba de cargo en los Juicios de Núremberg contra los responsables de los *Einsatzgruppen,* ellos mismos se atribuyeron el asesinato de 1 400 000 personas, en su mayoría judíos polacos y, en menor medida, soviéticos.

A finales de 1941, Alemania inició la evacuación progresiva de los guetos y el traslado a los campos de exterminio. Uno de los primeros en ser desalojados fue el de Lodz, ciudad dentro del territorio polaco anexionado al Reich. Desde diciembre del 41, el destino de sus habitantes fue el cercano campo de exterminio de Chelmo, el primero que experimentó con gases tóxicos para el envenenamiento masivo.

Fue el primer paso de una realidad que se concretó el 20 de enero de 1942. Ese día, en el balneario berlinés de Wannsee, se acordó el exterminio del pueblo judío bajo el eufemismo de «Solución Final». La primera fase de esta estrategia fue la llamada Operación Reinhard, en un macabro homenaje a Reinhard Heydrich, y consistía en la aniquilación de toda la población judía polaca.

La evacuación del gueto de Varsovia comenzó el 22 de julio de 1942 bajo el nombre de «Gran Acción de Realojamiento» y se prolongó durante dos meses, hasta el 21 de septiembre. En un primer momento, el Consejo Judío se comprometió a cumplir con la petición alemana de enviar cada día a 6 000 habitantes del gueto junto a las vías férreas, para su supuesto traslado a campos de trabajo en el este. Al día siguiente del inicio del desalojo, el presidente del Consejo Judío de Varsovia, Adam Czerniaków, se suicidó, consciente del fin último que aguardaba a la comunidad.

Al término de esta primera fase, en septiembre, se había evacuado a unos 270 000 judíos, en su mayoría con destino al campo de exterminio de Treblinka. Otros 60 000 permanecían en el gueto, bien ocultos, bien liberados de la deportación por su condición de trabajadores esenciales.

El 18 de enero de 1943, días después de una visita de Himmler al gueto, los alemanes iniciaron la *Aktion* definitiva para la evacuación plena del gueto. Los judíos más jóvenes llevaban semanas organizando su resistencia, equipados con armamento ligero que habían conseguido introducir clandestinamente en el recinto amurallado del gueto. Los diferentes grupos se unieron bajo el liderazgo de Mordejai Anielewicz en la Organización Judía de Combate o ZOB.

Tras la derrota del levantamiento y el desalojo de los guetos del país, en octubre de 1943 la Operación Reinhard se consideró cumplida. Había acabado con la vida de 1 700 000 judíos en los campos de exterminio.

Tras la derrota alemana en 1945, lo que quedaba de la comunidad judía regresó al país: supervivientes de los campos, partisanos, militares en el exilio londinense. Menos del 10 % había sobrevivido al Holocausto. Según diversas fuentes, habían subsistido entre 180 000 y 240 000 judíos polacos. El centro Yad Vashem cifra este número en 380 000.

El destino de la mayoría sería el futuro Estado de Israel, al que se incorporaron masivamente, a menudo ocupando puestos de responsabilidad política y militar. Los casos más notables fueron los de David Ben-Gurión, padre fundador del nuevo Estado, oriundo de Polonia y emigrado a Palestina en el periodo de entreguerras, y Menájem Beguín, judío polaco integrado en la resistencia y primer ministro de Israel entre 1977 y 1983.

Un monumento en Varsovia recuerda a las víctimas del gueto en el emplazamiento original del mismo, aunque apenas quedan edificaciones de esa época: como los seres humanos, fueron borradas de la ciudad. En la actualidad, la comunidad judía polaca se estima en unas 10 000 personas.

Stalin y la invasión soviética de Polonia

JESÚS CALLEJO CABO
ESCRITOR

ALBUM / SHUTTERSTOCK

El 17 de septiembre de 1939 es un día sellado con sangre que no olvidarán nunca los polacos (tampoco el 1 de septiembre, pero por otras razones). Sintieron en sus carnes la traición, una más, de numerosos países supuestamente aliados. De los que invadieron Polonia: alemanes y rusos. Y de los que no la ayudaron: ingleses y franceses.

La invasión soviética les pilló por sorpresa. Se produjo dos semanas después de que los nazis invadieran Polonia occidental. Francia e Inglaterra declaran la guerra a Alemania por haber invadido este país, pero no la declaran a Rusia. Son los primeros compases de una Segunda Guerra Mundial en los que el Ejército Rojo no tuvo ningún escrúpulo político, militar ni ético para hacer saltar por los aires las convenciones de declaración de guerra previa y perpetrar una invasión en toda regla. Fueron los primeros actos de una gran ignominia que desencadenó una conflagración en cadena que transformaría el mundo.

«La población civil pensó al principio que los soviéticos venían a defenderlos de los alemanes», escribe el historiador Juan Vázquez García en su libro *La invasión de Polonia*. No, no venían a ayudarles. Eran socios de los nazis debido a un infame pacto.

A partir de ese momento, Polonia era una pieza prescindible en el tablero de ajedrez europeo al tener abierto un frente de guerra en el este y otro en el oeste y con diferentes enemigos, más bien extraños compañeros de cama. Así define y resume Juan Eslava Galán, en *La Segunda Guerra Mundial contada para escépticos*, aquella situación:

«Una vez más, Polonia ha desaparecido del mapa europeo, ese infortunio histórico que le acarrea el hecho de carecer de fronteras precisas y de encontrarse en medio de todos los caminos».

La génesis de esta felonía soviética surgió a principios de 1939, cuando Rusia intentó formar una alianza con el Reino Unido, Francia, Polonia y Rumanía para hacer frente a la Alemania nazi, pero se presentaron varias dificultades, como la negativa de Polonia y Rumanía a permitir el tránsito de tropas soviéticas a través de sus territorios, por seguridad colectiva. Eso no gustó a los rusos, que se la tenían guardada.

Fue entonces cuando los soviéticos cambiaron de estrategia y firmaron el 23 de agosto de 1939 el Pacto de No Agresión con Alemania, o Pacto Ribbentrop-Mólotov, con una duración de diez años en los que cada uno de los firmantes prometía no atacar al otro. El acuerdo contenía además un protocolo secreto que establecía la división de Polonia y el resto de Europa oriental en esferas de interés soviético y alemán.

Consecuentemente, el 1 de septiembre la *Wehrmacht* dio el primer paso en su geoestrategia e invadió el oeste polaco, mientras que los soviéticos, unos días más tarde, invadieron la zona oriental. Eso fue el 17 de septiembre, onomástica de santa Hildegarda, caracterizada, lo que son las ironías, por su sabiduría y pacifismo.

Soldados del Ejército Rojo divirtiéndose en un campamento de verano del distrito militar de Moscú, en julio de 1939.

GETTY

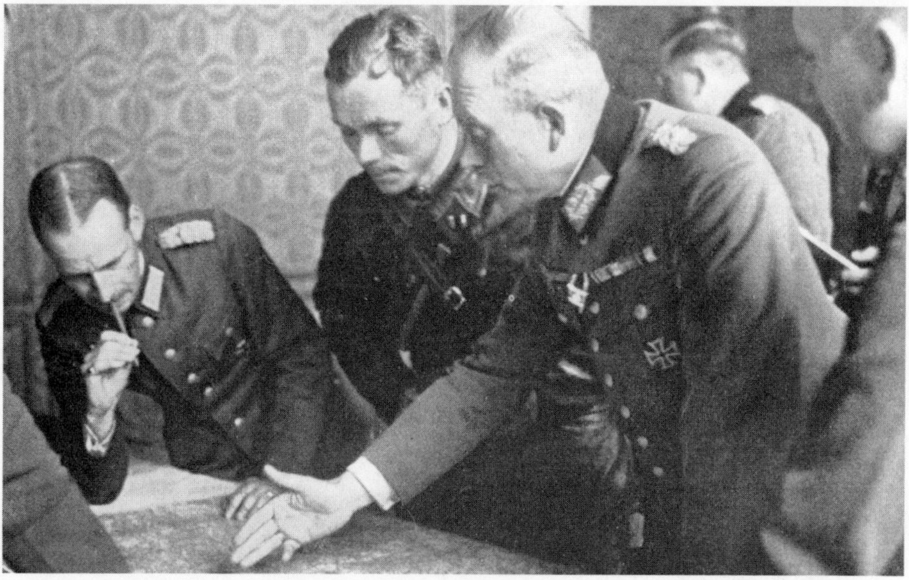

ALBUM

El comandante general del 19 Ejército, Heinz Guderian (segundo por la izquierda), durante las negociaciones preliminares del pacto germano-soviético, el 22 de septiembre de 1939.

Los líderes nazis animaron a los soviéticos a jugar su baza para que se quedaran con el trozo de pastel que les correspondía, pero Stalin y Mólotov retrasaron la intervención porque sus soldados se encontraban sumidos en una serie de disputas fronterizas con Japón y necesitaban tiempo para movilizar al Ejército Rojo. Veían una ventaja diplomática en esperar a que Polonia se desintegrara ante el avance alemán antes de realizar ningún movimiento estratégico equivocado. Llegado el 17 de septiembre, Mólotov ya no tenía dudas. Hizo una proclama en la radio diciendo que todos los tratados entre la Unión Soviética y Polonia habían sido anulados debido a que el gobierno polaco había abandonado a su pueblo y dejado de existir de forma efectiva. Ese mismo día, el Ejército Rojo cruzó la frontera polaca y el gobierno soviético buscó una excusa peregrina. Anunció que actuaba así para proteger a los ucranianos y bielorrusos que vivían en la parte oriental de Polonia, debido al colapso de la administración polaca tras la invasión nazi. Este pretexto o argumento falaz pretendía evitar que la Unión Soviética tuviera aspecto de agresor: lo hacían por «generosidad» ante cierta parte del pueblo polaco. Pura propaganda efectista con lavado de imagen, que muy pocos se creyeron. El Politburó lo llamó «campaña de liberación».

Justos entre las naciones

Los polacos de origen judío fueron considerados peligrosos para la seguridad del Estado alemán y del soviético, sobre todo por sus contactos con grupos de influencia de Occidente. La *Enciclopedia del Holocausto* recoge testimonios de algunos de ellos, soldados y civiles, que sufrieron las penalidades de ambas invasiones, muriendo muchos en campos de concentración. Publicada en 1990 por la Autoridad Israelí en Memoria del Holocausto, incluye cientos de entradas con ilustraciones, mapas, referencias bibliográficas y testimonios recogidos en diarios personales. Estos son algunos.

Pawel Zenon Wos: «El 17 de septiembre nuestra unidad fue atacada por los soviéticos; nos rendimos tres días después. Con 20 *zloty* y un reloj, soborné a un guardia soviético y escapé de un campo de prisioneros de guerra».

Michal Scislowski: «Vivíamos en Wilejka, un pueblo cerca de Vilna, cuando los alemanes atacaron Polonia el 1 de septiembre de 1939. El ejército soviético invadió el este el 17 de septiembre y mi padre se fue con su unidad para evitar ser capturado por los soviéticos. Mi madre, hermana y yo nos quedamos en Wilejka. En la escuela, mis maestros fueron reemplazados por oficiales del ejército ruso que nos enseñaban la doctrina de los rusos y del partido comunista».

El fraile franciscano capuchino Marian Jacek Drabrowski «Cuando Alemania invadió Polonia en septiembre de 1939, estaba en nuestro monasterio cerca de Grodno. Evacuamos el monasterio tres semanas después, cuando las tropas soviéticas lo invadieron por el este y alcanzaron Grodno. Volví a Lomza. Nuestros nuevos gobernantes soviéticos rechazaron la religión, diciendo que explotaba a la clase obrera. Desafiaba esto en mis sermones. Cuando descubrí que los soviéticos me iban a arrestar, me escapé a la Polonia ocupada».

El Ejército Rojo entraría a saco en Polonia inmediatamente después de haber vencido a los japoneses en las riberas del río Khalka, entre Mongolia y Manchuria. Avanzó hasta la línea pactada con los alemanes, que, según los soviéticos, correspondería a la zona occidental de Ucrania y Bielorrusia, ocupada por los polacos entre 1919 y 1921 en sus guerras intestinas con Rusia. Los territorios polacos que fueron anexionados por la Unión Soviética en septiembre de 1939 estaban todos al este de los ríos Vístula, Narev, Bug Occidental y San –estos tres últimos, afluentes del primero– si exceptuamos el voivodato de Vilna, entregado luego a Lituania, y la región de Suwalki, ocupada por Alemania.

Bajo los términos de la alianza militar anglo-polaca del 25 de agosto de 1939, los británicos, que habían prometido asistencia militar a Polonia si esta era atacada por una potencia europea, tendrían que haberla ayudado, pero, cuando el embajador polaco Edward Raczyński recordó al secretario de Estado británico E. F. L. Wood lo firmado cuatro meses antes, este declaró tajantemente que no era una buena decisión para el

Reino Unido declarar la guerra a la Unión Soviética. Pura hipocresía, puro papel mojado.

Considerada la doble invasión como un hecho consumado, franceses y británicos decidieron que no había nada que hacer por Polonia a corto plazo, por lo que comenzaron a planificar una victoria a más largo plazo. Muchos polacos se indignaron ante la falta de apoyo por parte de sus aliados occidentales, lo que creó un sentimiento de traición.

Con todas las tropas comprometidas en la lucha contra los alemanes, solo quedaban para defender las fronteras orientales unidades de los Cuerpos de Protección Fronteriza (KOP), que no llegaban a 20 000 hombres, y algunas de la Defensa Territorial, así como restos de las tropas regulares en retirada. Evidentemente, no eran unidades cohesionadas las que luchaban, sino restos de divisiones aisladas, que combatían para escapar y unirse al resto de las fuerzas supervivientes. El Estado Mayor polaco, impotente ante esta nueva e imprevista situación, ordenó no combatir más a las fuerzas soviéticas. La idea era concentrar todas las unidades que todavía luchaban contra los alemanes para que lograsen escapar hacia las fronteras de Rumanía y Hungría, y que estos países sirvieran de lanzadera para Francia o el Reino Unido y desde allí proseguir la lucha. En medio de esta confusión y de órdenes contradictorias, muchas unidades resisten a los rusos y en Vilna o Grodno hay duros enfrentamientos.

El 18 y el 19 de septiembre de 1939, las fuerzas soviéticas asediaron y ocuparon la ciudad de Vilna. Los comandantes polacos, con serias dudas sobre si resistir ante los soviéticos, no utilizaron las capacidades defensivas de la ciudad. Lo cierto es que la abrumadora superioridad soviética en efectivos desanimó a los contendientes locales, que intuían que el resultado de la batalla no podía ser otro que la derrota. Aun así, los defensores polacos retrasaron

GETTY

Niño descalzo en el gueto de Vilna, actual capital de Lituania y ciudad de azarosa historia: fue polaca, los soviéticos la ocuparon en 1939 y los nazis en 1941.

el avance soviético mediante la contención en los puentes, pero una mala coordinación hizo que al final la ciudad cayera, con la rendición de parte de las unidades polacas (otra parte se retiraría desorganizada hacia la frontera lituana).

Los soviéticos no querían Vilna y vieron oportuno devolvérsela al gobierno lituano, que la reclamaba a cambio de permitir a las tropas soviéticas que permanecieran en el país báltico. Por el tratado de asistencia mutua soviético-lituano, las tropas lituanas entraron a la ciudad el 27 y el 28 de octubre. El tratado fue presentado como prueba del respeto soviético a las naciones pequeñas y de la benevolencia de Stalin. La defensa de Vilna ha sido muy cuestionada por algunos historiadores polacos, que afirman que, si hubiera estado bien organizada, las fuerzas polacas habrían podido mantenerse en la ciudad y retrasar a los soviéticos varios días, como se hizo en la defensa de Grodno.

Faltaba otra derrota. Entre el 21 y el 23 de septiembre de 1939, tiene lugar la batalla de Grodno (actualmente en Bielorrusia). El 15° Cuerpo de Tanques soviético inició un rápido avance hacia la ciudad y el comandante del Área Militar de Grodno, Józef Olszyna-Wilczyński, comenzó a organizar las defensas basadas principalmente en batallones de voluntarios, fuerzas policiales y *boy scouts*. Estos últimos, con el tiempo, se convertirán en los miembros más jóvenes –de 13 y 15 años– de la resistencia, los llamados *zawisza* (palabra polaca que describe a un caballero medieval reconocido por su moralidad y amor por su país).

Mujeres buscando entre los escombros de un edificio destruido en Grodno.

ALBUM

GETTY

El comandante ruso Borowenski, junto a un vehículo blindado en Brest-Litovsk (URSS), después de llegar a un acuerdo con los alemanes sobre la línea de demarcación en Polonia.

Mal equipados, sin personal suficiente y sin artillería antitanques, los defensores polacos se apoyaron en la fabricación de cócteles molotov, es decir, botellas de gasolina o trementina, y algunos obstáculos para impedir la circulación de los tanques. El 20 de septiembre, los de la 27ª Brigada de Tanques Ligeros soviética llegaron a las afueras de la ciudad, pero, aunque numérica y técnicamente eran superiores, las fuerzas soviéticas carecían de apoyo de infantería y petróleo, lo que detuvo a muchos en su avance.

Los soviéticos intentaron apoderarse de la ciudad desde el sur a través del puente sobre el río Niemen. Sin embargo, este primer asalto fue repelido. Después de dos días de intensos combates, gran parte del centro histórico de la ciudad fue destruido por la artillería soviética. Al no ver ninguna posibilidad de resistencia coherente, el 23 de septiembre lo que quedaba de las fuerzas polacas se retiró hacia la frontera lituana. Según fuentes soviéticas, el Ejército Rojo sufrió pocas bajas: 57 muertos y 159 heridos. Sin embargo, los historiadores polacos Andrzej Krzysztof Kunert y Zygmunt Walkowski afirman que perdió alrededor de ochocientos soldados entre muertos, desaparecidos y heridos. También perdieron diecinueve tanques y cuatro vehículos blindados. Las pérdidas polacas, tanto civiles como militares, siguen sin conocerse bien, aunque los registros oficiales soviéticos confirman 644 muertos y 1.543 capturados (66 oficiales y 1.477 soldados) y la captura de 514 cañones, 146 ametralladoras, un mortero y un cañón antiaéreo.

Unos trescientos defensores polacos de la ciudad, incluidos jóvenes estudiantes, fueron juzgados con procedimientos sumarísimos por su participación en la defensa de la ciudad, reprochándoseles la participación en el movimiento de resistencia armada contra el Ejército Rojo, y se les ejecutó.

Nazis y soviéticos llegaron a desfilar juntos en la ciudad ocupada de Brest-Litovsk el 22 de septiembre de 1939. Luego, los alemanes se retiraron a la orilla oeste del río Bug, y los soviéticos tomaron el control de la ciudad. El día 27, el Alto Mando militar polaco rindió Varsovia,

El general Sikorski pronuncia un discurso ante el Consejo Nacional de Polonia en el exilio (a su izquierda, el presidente Władysław Raczkiewicz). París, 1940.

GETTY

tras doce días de asedio sin agua, alimentos, medicamentos, municiones ni ayuda, además del resto de la zona oriental de Polonia (ahora Bielorrusia occidental y Ucrania occidental). El comunicado conjunto ruso-germano del 28 de septiembre finalizaba así: «El gobierno del Reich y el de la Unión Soviética, al haber regulado definitivamente por un acuerdo firmado hoy las cuestiones que se derivan de la disolución del Estado polaco y habiendo creado así la base para una paz duradera en Europa oriental, expresan la opinión de que correspondería a los intereses verdaderos de todas las naciones poner fin al estado de guerra que existe entre Alemania, por una parte, y Francia e Inglaterra, por otra. Los dos gobiernos emprenderán, pues, esfuerzos comunes llegado el caso, de acuerdo con otras potencias amigas, para alcanzar lo más rápidamente posible este fin. Sin embargo, si los intentos de los dos gobiernos no triunfaran, se haría a Inglaterra y Francia responsables de la continuación de la guerra».

Ese mismo día, la fortaleza de Modlin, cercana a Varsovia, se rendía a los alemanes y la República de Polonia capitulaba ante un enemigo muy superior. Los ministros de Relaciones Exteriores alemán y soviético firmaron un acuerdo por el que dividieron el país y pactaron que la Unión Soviética se quedara con las repúblicas del Báltico y la posibilidad de un ataque contra Finlandia. El día 30 se constituyó en París un gobierno polaco en el exilio con Raczkiewicz de presidente y Sikorski como primer ministro.

Tras la invasión soviética, en torno a 230.000 soldados polacos fueron hechos prisioneros de guerra. Rusia se anexionó el nuevo territorio, poniéndolo bajo su control y declarando en noviembre de 1939 que trece millones y medio de ciudadanos polacos, que vivían en la zona anexionada, habían pasado a ser ciudadanos soviéticos. Stalin actuaba como un tiránico zar clásico. Hubo miles de arrestos y los que no eran ejecutados fueron enviados a las estepas siberianas y a otras zonas remotas de la URSS, en cuatro series de deportaciones producidas entre 1939 y 1941. El área total ocupada por la URSS superó los 200 000 kilómetros cuadrados. De esa población de más de 13 000 000 de personas, unos 5 300 000 eran de cultura polaca.

Entre los años 1939 y 1945, la población polaca disminuyó de, aproximadamente, 35 millones a 24. Se estima en casi siete millones el número de polacos y de judíos polacos que cayeron en el frente, asesinados o muertos de hambre. Aun así, la tentativa de destruir a todo un pueblo que parecía derrotado y vencido no pudo impedir que empezara a organizarse la resistencia polaca, bajo un telón de silencio oficial.

Durante la existencia de la República Popular de Polonia (1945-1989), la invasión soviética fue considerada un asunto tabú. Fue omitida de la historia académica, y aquellos que hablaban de ella sufrían las consecuencias de la censura. Una mentira más a añadir a este episodio, cuyas tristes secuelas de odio y resentimiento duraron bastantes años. Como el Pacto Ribbentrop-Mólotov estaba viciado de deslealtades desde el principio, Hitler lo consideró una maniobra táctica y temporal. Y así fue cuando, el 18 de diciembre de 1940, firmó la Directiva 21 (llamada en código Operación Barbarroja), la primera orden operativa para la invasión de la Unión Soviética. Adiós al pacto y más problemas para uno y otro bando. Era el principio del fin.

Los soldados malditos

Eran miembros del Estado secreto polaco, antes llamado Ejército Patrio (*Armia Krajowa*), y vestían uniformes militares en aras de continuar con su lucha armada, ahora contra el gobierno estalinista de Polonia. Escondidos en bosques, su resistencia duró hasta 1963, año en que fue asesinado el último partisano.

La ocupación de los territorios de la República de Polonia por parte del Ejército Rojo, con el desmantelamiento del Estado polaco clandestino, fue el inicio de una nueva contienda por una patria libre y por la verdad histórica. «La guerra nunca ha terminado. Nunca aceptaremos otra vida que no sea en un Estado polaco plenamente soberano, independiente y justo. Os doy mi última orden. Conducid vuestra labor y actividad para conseguir una completa independencia del país», escribía a los oficiales y soldados del Ejército Nacional su último comandante, el general Leopold Okulicki, antes de partir al exilio en Gran Bretaña. Había sido arrestado y torturado en varias prisiones soviéticas y llegó a decir: «En comparación con el NKVD, los métodos de la Gestapo son un juego de niños».

Uno de sus más conocidos soldados fue Witold Pilecki, oficial polaco que se infiltró en Auschwitz para informar a los aliados sobre los horrores que sucedían en aquel campo de concentración.

Sin apoyo exterior, muchos de esos militares fueron detenidos, torturados y ejecutados y su mero recuerdo se convirtió en un tabú oficial en Polonia hasta la caída del comunismo. A partir de 1993 se les empezó a llamar con ese nombre, «soldados malditos», precisamente por ese afán de ocultarlos de la historia y olvidar su existencia. En 2001, el gobierno polaco reconoció los grandes méritos de estas organizaciones en una lucha desigual defendiendo la soberanía e independencia de Polonia. En 2009, se fijó el 1 de marzo para conmemorar sus hazañas, aunque hasta 2011 no se celebró ese día por primera vez, al fallecer en un sospechoso accidente de avión el presidente de la República, Lech Kaczynski.

Masacre de Katyn: 80 años de secretos

ÓSCAR HERRADÓN
PERIODISTA Y ESCRITOR

Durante décadas, la matanza de Katyn se mantuvo como uno de los grandes misterios de la Segunda Guerra Mundial. Dicha contienda fue la mayor sangría de la historia humana, y aún así aquel episodio pone los pelos de punta. Todavía hoy existe controversia entre los especialistas sobre lo que realmente ocurrió en los bosques que darían nombre a la ejecución en masa en la primavera de 1940, pocos meses después de que se iniciase la contienda con la invasión alemana de Polonia.

En 1942, la *Wehrmacht*, a pesar de los reveses en el Frente del Este, todavía controlaba una gran parte del territorio soviético. Trabajadores de una brigada de la Organización Todt, dedicada a la ingeniería y la construcción de infraestructuras, formada en su mayor parte por prisioneros polacos que habían recibido órdenes de recoger restos de la batalla, escucharon hablar a varios campesinos locales de la existencia de unas fosas con cadáveres. Estaban en una zona cubierta de pinos que, afirmaban, servía de lugar de ejecución al NKVD soviético (Comisariado del Pueblo para Asuntos Internos, antecesor del KGB), a unos cuatrocientos kilómetros al oeste de Moscú y a veinte kilómetros al oeste de la ciudad de Smolensk, cerca de la carretera a Vitebsk. Un lugar conocido como Colina de las Cabras en el bosque de Katyn y que ya en 1929 había servido al régimen comunista para acabar discretamente con «enemigos del Estado».

Polonia, 13 de abril de 1943. Los alemanes descubren una de las fosas comunes de Katyn, en la que se amontonan 2.500 cadáveres de oficiales polacos asesinados por la policía secreta de Stalin (NKVD) en septiembre de 1939. Son solo algunos de los 22.000 que aparecerían.

A partir de 1940, los lugareños habían observado una gran actividad en el interior de aquel perímetro cercado con una valla y vigilado por centinelas con perros. Pero, con la retirada soviética a causa de la invasión alemana, el bosque quedó sin vigilancia, abandonado a las inclemencias del tiempo.

Al conocer el relato, los alemanes hicieron cavar la zona y aparecieron los restos de varios cadáveres que todavía vestían el uniforme militar polaco. No obstante, los invasores tenían otras prioridades, así que sellaron como pudieron las tumbas y ordenaron a los polacos que señalasen el lugar con una cruz de abedul de considerable tamaño. Tiempo después, en la primavera de 1943, una de las mayores preocupaciones del Alto Mando alemán era la proliferación de grupos de partisanos que estaban causando graves trastornos en la retaguardia mediante sabotajes, emboscadas y atentados. Mientras tanto, en la zona de Smolensk el problema lo tenían con una jauría de lobos descontrolados. Así que un destacamento de soldados alemanes de la *Heer* (fuerzas terrestres de la *Wehrmacht)*, comandado por el oficial Rudolf- Christoph Freiherr Gersdorff, tenía el encargo de limpiar los bosques y eliminar la amenaza. Fue entonces cuando dieron con la cruz de abedul y el lugar de las fosas.

Trabajadores de la Organización Todt que manejan sacos de cemento y cal dan la bienvenida a los soldados de la *Wehrmacht.*

AGE

AGE

Un comandante de la *Wehrmacht* saluda a los hombres de la Organización Todt que están construyendo carreteras para las fuerzas militares en el frente. La foto es de 1942.

La opinión pública internacional puso el foco en aquella región del Este cuando el Dr. Joseph Goebbels, ministro de Propaganda del Tercer Reich y a la sazón uno de los hombres más fuertes e implacables del nazismo, en un acto de auténtica hipocresía (y genialidad diplomática), anunció al mundo que sus soldados habían encontrado fosas comunes en Rusia que evidenciaban el salvajismo de Stalin.

Goebbels obviaba deliberadamente el pacto Ribbentropp-Molotov firmado apenas tres años antes, presentándose ante la opinión pública como una suerte de diplomático de paz, mientras los *Einsatzgruppen* de las Waffen-SS (escuadrones de ejecución especiales) hacían lo propio por todos los territorios polacos.

¿Y qué intención tenía Goebbels en airear esos crímenes? Por una parte, las atrocidades soviéticas le permitían neutralizar (o al menos sortear) los primeros atisbos de la sinrazón nazi en los campos de concentración y exterminio. Por otra, las cosas habían cambiado mucho desde que se firmó el acuerdo secreto entre el Tercer Reich y la URSS y la guerra se había puesto totalmente en contra de los alemanes. Y para más inri, tras un cuarto de siglo de antagonismo mutuo, británicos y

Un forense examina uno de los cadáveres descubiertos en las fosas comunes de Katyn, el 13 de abril de 1943.

ALBUM

soviéticos se habían alineado contra Hitler tras el desencadenamiento de la Operación Barbarroja. En agosto de 1942, el propio Churchill se había reunido con Stalin en Moscú, estableciendo una alianza, así que se produjo un bochorno internacional cuando el 13 de abril de 1943 Radio Berlín anunciaba que los alemanes habían encontrado los cuerpos de al menos 3 000 oficiales polacos masacrados por los bolcheviques en la Rusia ocupada. Los cuerpos acabarían siendo mucho más… hasta el estremecedor número de 22 000 almas.

A lo largo del mes de abril de 1943, Goebbels reflejaría en su diario el interés por explotar propagandísticamente el «incidente». Lo primero que hizo el Ministerio de Propaganda fue filmar un breve documental en el lugar para dejar constancia de los brutales crímenes soviéticos. Para publicitar aún más el asunto, hizo llevar hasta el bosque ruso a los corresponsales extranjeros que se hallaban en Berlín para que dejaran constancia de los hechos en sus países y los medios de comunicación para los que trabajaban, todos ellos afines al gobierno alemán, entre ellos el español Ernesto Giménez Caballero.

Los alemanes habían llevado profesores de medicina forense de al menos nueve países neutrales, los cuales dedujeron que a las víctimas las habían matado en 1940, tiempo en el que aquella zona estaba bajo dominio soviético. Los forenses confirmaron también que los cuerpos tenían agujeros de bala en la nuca, método de ejecución habitual del servicio secreto soviético, el citado NKVD. Se siguió excavando y se encontraron nuevos cadáveres, hasta un número de unos 4 000.

Inmediatamente, desde el Kremlin se negó todo: Radio Moscú afirmó que los polacos habían caído en manos de los invasores alemanes, que querían encubrir sus propios crímenes. Los aliados, con Churchill a la cabeza, se sintieron aliviados, y aunque no lo creyeran por completo, prefirieron correr un tupido velo en pos de la victoria frente al Tercer Reich. El gobierno británico, por su parte, afirmó la culpabilidad del régimen nazi propugnando que era un montaje de los servicios de inteligencia para desviar la culpabilidad hacia la URSS, su socio entonces. No en vano, los nazis ya habían demostrado ser maestros en las operaciones de falsa bandera: para justificar la invasión de Polonia, diseñaron el Incidente de Gleiwitz, por el que la prensa alemana culpabilizó de varias acciones violentas a miembros del ejército polaco cuando en realidad habían sido perpetradas por agentes de inteligencia de las SS ataviados con uniformes del enemigo.

Vasili Blojín, el carnicero del «Zar rojo»

Ostenta, según el *Libro Guinness de los Récords*, el dudoso honor de ser «el verdugo más prolífico de la historia». Llevaba en su maletín, siempre consigo, sus herramientas de trabajo: unos guantes que le cubrían hasta los hombros y una pistola, que no era una de las reglamentarias TT-30 soviéticas usadas por el NKVD, sino una Walther PPK de 7,65 mm. (en la imagen). De fabricación alemana, era la única que usaba. Solía decir: «No hay arma más efectiva si se dispara en la base del cráneo» (en eso era un consumado experto). Prefería este arma porque tenía menos retroceso en el disparo y así le dolía menos la muñeca tras una extenuante jornada de ejecuciones.

Además, había una ventaja añadida en este caso; al ser un arma alemana, si alguna vez se descubrían los cuerpos, cosa que sucedió, desviarían las sospechas de los crímenes hacia los nazis con mayor facilidad. De hecho, utilizaron también para las ejecuciones al pie de las fosas revólveres Nagan y munición alemana con dicha finalidad.

Según las estadísticas, su media en Katyn fue de un muerto cada tres minutos, unos 300 al día. Al parecer, dicho promedio solo lo incumplió el primer día, cuando ejecutó a 250 hombres, hecho que al parecer le produjo gran enfado y frustración. Es increíble que un hombre, por llamarlo de alguna manera, ejecute a tantas personas, una tras otra, sin apenas inmutarse ni mostrar atisbo alguno de empatía, salvo alcanzar la perfección en su tarea, a pesar de que aquellos hombres eran inocentes, cada uno con su historia, sus familias, su pasado... Pero así sucedió en Katyn y en otros rincones, numerosos, en aquella guerra de exterminio.

Blojín mató todas las noches, una jornada de diez horas, durante cuatro semanas (exactamente 28 días), ininterrumpidamente, llegando a asesinar por su propia mano a un total de 7.000 polacos. Cuenta la historia, quién sabe si apócrifa, que cada noche, cuando terminaba, solía brindar con vodka por el éxito de la jornada con el resto de guardias que lo acompañaban.

Blojín era un comunista de la vieja guardia. Nacido en el seno de una familia de campesinos, participó en la Primera Guerra Mundial y cuando triunfó el comunismo ascendió rápidamente en la cadena de mando de la policía secreta. Fue en 1926 cuando Stalin personalmente lo eligió como verdugo jefe del cuerpo, tras mostrar su valía en lo que el propio «Zar rojo» bautizó como «trabajo en negro», consistente en asesinatos de miembros del Partido que habían caído en desgracia, tortura, intimidación y ejecuciones clandestinas. Así, se convirtió también en comandante de la prisión interna de Lubianka, lo que le permitió realizar su oscura tarea sin papeleos e injerencias. Supervisó las purgas, por lo que en 1937 fue galardonado con la Medalla de Honor por sus servicios. Después vino Katyn, donde batió su récord.

El 27 de abril de 1940 recibió en secreto la Orden de la Bandera Roja de Batalla y una prima salarial mensual (al parecer modesta) por sus servicios. Tras la caída del poder de Beria, Blojín fue despojado de su rango en el marco de la política de desestalinización de Jruschov. Según los informes se sumió en el alcoholismo, perdió el juicio y murió el 3 de febrero de 1955 oficialmente fue un «suicidio».

SHUTTERSTOCK

Imagen actual del Gran Palacio del Kremlin, que aloja las dependencias administrativas de la Presidencia desde tiempos de Stalin.

Con la ocupación rusa de aquella zona boscosa, tras la retirada alemana, Moscú responsabilizaría nuevamente a los nazis de aquella vil masacre; se reescribía así una historia que tardaría cincuenta años en volver a florecer, aunque nunca dejaría de hablarse a media voz, ni de ser recordada entre el pueblo polaco, que perdió a muchos de los hombres más eminentes de aquel tiempo. Así, el Kremlin emitió su propio informe contra el gobierno nazi, admitido como única versión.

El 1 de septiembre de 1939, comenzó la Segunda Guerra Mundial con el lanzamiento de los ejércitos alemanes sobre Polonia. El Pacto Germano-Soviético, rubricado apenas nueve días antes del estallido de la guerra, el 23 de agosto de 1939, contenía un Protocolo Adicional Secreto. El mismo otorgaba privilegios en los países de Europa Oriental definiendo las áreas de influencia que cada uno de los dos países se otorgaban. En relación a Polonia, se fijaba de antemano la línea divisoria para la ocupación del país por los dos Estados contratantes. El protocolo fue firmado por el Gobierno del Reich alemán representado por Joachim von Ribbentrop y por su homólogo ruso, Viacheslav Mólotov, y se estipuló que debía ser tratado por ambas partes en estricto secreto.

Aquella invasión permitió a la URSS capturar a miles de soldados y oficiales polacos. Stalin podía sumar al país al orbe comunista y expandirse hacia el oeste, algo que deseaba desde la Primera Guerra Mundial. Con la flor y nata de la oficialidad y la *intelligentsia* polacas entre rejas, solo tenía que convencerles de abrazar la causa soviética. Sin embargo, los reos, la mayor parte de ellos fervientes católicos, no estaban por la labor de una conversión política y sin saberlo firmaron su sentencia de muerte.

El 5 de marzo de 1940, Lavrenti Beria, al mando de la policía y el NKVD, mandó a Stalin un memorando de cuatro páginas donde proponía la eliminación de los oficiales polacos. Era un documento emitido por el Comisariado Nacional para Asuntos Internos con el número de referencia 794/B y con el marchamo de «alto secreto». En él se podía leer: «Entre los presos hay 14 736 antiguos oficiales, funcionarios del gobierno, policías, gendarmes, guardias de prisiones, colonizadores de regiones fronterizas y oficiales de inteligencia». Beria remarcaba que estaban «llenos de odio por el sistema de gobierno soviético». Según éste: «Todos ellos están esperando a quedar libres para combatir el poder soviético». Apuntaba también el descubrimiento de varias organizaciones subversivas entre los prisioneros, y los calificaba de «sólidos e irreconciliables enemigos de la autoridad soviética».

Se ordenaba al NKVD juzgar a los detenidos en «tribunales especiales» sin contar con su comparecencia y sin acta de acusación; posteriormente se debían expedir certificados de culpabilidad y finalmente, Beria solicitaba al gran líder

ASC

Retrato del mariscal Kliment Voroshílov (1881-1969), Primer Comisario del Pueblo de Defensa de la Unión Soviética.

Vasili Blojín, el carnicero del «Zar rojo»

Aproximadamente un mes después de que Goebbels, el verdadero instigador del uso de las fosas de Katyn como elemento político, lo airease con entusiasmo, él mismo corría un tupido velo sobre el asunto en una entrada en su diario, el 8 de mayo, en la que señalaba que se había encontrado munición alemana en el interior de las fosas (aspecto, cuando se hicieron públicos los diarios del ministro nazi, que alimentaría aún más la controversia sobre la verdadera autoría de la masacre de la flor y nata de la oficialidad polaca).

Katyn aparecería por última vez en sus escritos personales en una entrada del 29 de septiembre, admitiendo, entre líneas, que aquel asunto traería consecuencias gravísimas en el futuro porque «los bolcheviques descubrirán pronto que nosotros asesinamos a los 12.000 oficiales polacos». ¿Fue una operación de falsa bandera de Alemania? Esa sospecha ha planeado siempre sobre los hechos, a pesar de que los rusos asumieran la responsabilidad tras la caída del telón de acero.

Casi con seguridad, Goebbels dejó de explotar aquel asunto propagandísticamente por la dramática situación de los alemanes en el Frente del Este. Aunque británicos y norteamericanos presionaron para que los hechos no fuera investigados, el presidente polaco en el exilio, Wladyslaw Sikorski, pidió a la Cruz Roja Internacional una investigación a fondo de lo sucedido en Katyn, momento en que Sikorski y la URSS rompieron las relaciones diplomáticas, algo de lo que se jactaría el ministro de Propaganda nacionalsocialista en sus escritos. El 4 de julio de 1943, Sikorski y su hija morían en extrañas circunstancias mientras su avión, modelo Liberator, despegaba de Gibraltar junto a otras 16 personas.

Hubo diversas comisiones por parte de los soviéticos, todas ellas hábiles montajes para desviar las suposiciones sobre la autoría del Kremlin en los crímenes. Primero fue la Comisión Burdenko. Su cometido era demostrar que las conclusiones de la Cruz Roja polaca (que apuntaba a la autoría rusa) eran falsas y que detrás de la masacre estaban los alemanes. Según sus conclusiones, los cadáveres exhumados habían sido llevados desde otro lugar: «El poder ocupante nazi, en la primavera de 1943, traía de otros lugares cadáveres de los presos matados por ellos en otros sitios y los echaban a las tumbas del bosque de Katyn, procurando de esta manera cubrir las huellas de sus propios crímenes e incrementar el número de 'las víctimas de las bestialidades soviéticas' en el bosque de Katyn». Determinaron además que las ejecuciones fueron llevadas a cabo por prisioneros rusos que también fueron asesinados, y los alemanes hicieron desaparecer todas las pruebas con fecha posterior a 1940 para «evitar ser acusados».

A finales de 1945 se celebró una farsa de juicio en un tribunal militar soviético en Leningrado, donde se juzgó a seis soldados alemanes. Entre ellos, Arno Diere, que fue persuadido para dar la versión del Kremlin y admitir que había participado en el montaje de Katyn.

En Núremberg, donde se juzgaron los crímenes del nacionalsocialismo, los soviéticos se empeñaron también en que Katyn fuera también juzgado (y achacado, claro, a los nazis) en otra farsa que tenía por objeto desterrar las dudas que existían sobre el asunto a nivel internacional. Sin embargo, su propio montaje se volvió en su contra y los soviéticos estuvieron a punto de ser desenmascarados, así que los aliados occidentales los persuadieron para que olvidaran el asunto. Una actitud realmente ignominiosa de los vencedores.

Stalin fotografiado con miembros del Politburó, en marzo de 1929. De izquierda a derecha: V. Mólotov, A. Mikoyán, J. Stalin, G. Petrovsky, K. Voroshílov y M. Kalinin.

y al Politburó, sin ambigüedades, «el castigo más extremo: la muerte por fusilamiento».

El memorando, que permaneció secreto hasta la caída de la URSS, estaba rubricado por el propio Beria, Stalin y por el mariscal y Primer Comisario del Pueblo de Defensa de la Unión Soviética, Kliment Voroshílov, el miembro del Politburó Anastás Mikoyán y el ministro de Asuntos Exteriores Viacheslav Mólotov. Además, aparecían los nombres del Presidente del Presídium del Sóviet Supremo, Mijaíl Kalinin, y el también miembro del Politburó y ministro del Petróleo Lázar Kaganóvich, apuntados en el margen con lápiz con un lacónico «*za*» (aprobado).

Los prisioneros hechos por el Ejército Rojo, unos 25 700, habían sido repartidos por varios «campos especiales» en lo que ahora es territorio ruso. Los meses de abril y mayo de 1940, se realizaron los transportes de unos 4 000 prisioneros desde el campo especial de Starobielsk (que fueron trasladados a Járkow), 4 500 desde el campo de Kozielsk (que fueron llevados a Katyn), unos 6 000 desde Ostashkov (trasladados a Kalinin, en la actualidad Tver), y unos 7 000 de ciertas prisiones de Bielorrusia y Ucrania occidental.

En la carretera que unía Smolensk con Vitebsk, se hallaba una dacha construida por el NKVD, en 1934, para alojar al personal que llevaba a cabo las ejecuciones durante las purgas. Se cree que muchos fusilamientos se llevaron a cabo allí, aunque otros se dieron en los bosques cercanos. No obstante, el método de ajusticiamiento pudo ser diferente dependiendo del caso, pues algunos cuerpos aparecieron con las manos atadas a la espalda y otros no.

Las ejecuciones se encargaron al verdugo oficial del régimen Vasili Blojín (o Blokhin), que trabajaría sin descanso durante un mes en la dacha y en los bosques circundantes para eliminar a aquellos miles de «enemigos del Estado» (ver recuadro). El único día que no se realizaron ejecuciones fue el 1 de mayo, Día de la Solidaridad Internacional de los Trabajadores.

El siniestro procedimiento consistía en lo siguiente. Se ideó, *ex profeso,* un habitáculo en la dacha citada bautizado como «habitación Lenin», para que aquellos que esperaban fuera no oyesen los disparos. La habitación, construida de hormigón, estaba pintada de rojo para disimular las salpicaduras de sangre, acolchada por dentro y disponía de un desagüe y una manguera. El suelo estaba en pendiente y había una pared en la que el reo esperaba de espaldas.

Cuando le tocaba el turno a un recluso, los guardias le cogían por los brazos con la excusa de que iba a ser juzgado. Primero pasaba por una pequeña antecámara, para una somera identificación positiva, y luego era esposado y conducido a la habitación contigua. Dentro, le golpeaban en el vientre con la culata del fusil y una vez arrodillado aparecía Vasili Blojín, que se ocultaba en un rincón, ataviado con sus largos guantes, delantal y una gorra para no manchar su uniforme, y le descerrajaba un tiro en la cabeza. Debía ser suficiente con un disparo, el tristemente célebre 'tiro de gracia'.

Se actuaba de noche y se enmascaraba el sonido de los disparos con el ruido de ventiladores y maquinaria, además de la insonorización citada. Una vez ejecutado el prisionero, el cuerpo era trasladado hasta camiones que realizaban dos transportes cada jornada hasta las fosas, donde esperaban varios buldócer para acabar el trabajo. Cada noche se abrían entre 24 y 25 fosas de entre ocho y diez metros, donde los cadáveres eran depositados en pilas de cinco filas de quinientos cuerpos, muchos de ellos enterrados con el uniforme polaco y sus pertenencias, lo que facilitaría la posterior identificación. La metódica y burocrática industrialización de la muerte que tanto gustaba a nazis y soviéticos silenciaba así las voces de toda una nación.

Con la perestroika, Mijaíl Gorbachov aceptó la responsabilidad de su país en las matanzas de Katyn y posteriormente Borís Yeltsin hizo llegar al gobierno polaco archivos secretos con datos sobre la masacre; sin embargo, no eran todos ni mucho menos. Una parte de los documentos en poder del Gobierno ruso continúan sin ser desclasificados. De los 183 tomos de dicha documentación, en 2011 habían sido entregados al Gobierno polaco 148. Según la Fiscalía rusa, el resto de los informes serán entregados «una vez pierdan su carácter confidencial». ¿Qué ocultan esos 35 expedientes blindados?

En octubre de 2013, una sentencia del Tribunal para los Derechos Humanos de Estrasburgo condenaba a Rusia por no permitir acceder a la investigación de los hechos, pero el Kremlin, comandado ya por Vladímir Putin, permaneció inamovible en su actitud: se negó a admitir la responsabilidad y no aportó la documentación requerida por la máxima autoridad judicial europea.

Borís Yeltsin en marzo de 1991.

SHUTTERSTOCK

A pesar de que Moscú reconoció la matanza, tras la caída de la URSS, jamás admitió que se tratara de un crimen de guerra o de un genocidio, delitos que no prescriben. Nunca se rehabilitó a las víctimas ni se indemnizó a las familias y se negaron a abrir todos los archivos. Aunque, tras el final del telón de acero, se hallaron más fosas comunes, todavía se desconoce dónde están enterradas alrededor de 7 000 víctimas de aquella vil matanza en los bosques de Katyn y alrededores una lejana primavera de 1940, una de las mayores atrocidades cometidas en tiempos de guerra.

ALBUM

La invasión de Polonia en el cine

MIKEL NAVARRO
CRÍTICO DE CINE

De entre las muchas películas que tratan la invasión de Polonia y el infierno del gueto de Varsovia, *EL PIANISTA* (2002), del director polaco emigrado Roman Polanski, es, tal vez, la más representativa –y la de mayor éxito comercial–: un estremecedor y perfecto reflejo de las penurias y el sometimiento del pueblo polaco –y en especial el judío– bajo el yugo nazi. Todo ello a través de los ojos del pianista Władysław 'Władek' Szpilman, nombre de la persona real (encarnada por el actor Adrien Brody) en la que está basada la película. El hijo del músico, Andrzej Szpilman, reeditó las memorias de su padre, primero en alemán (1998) y posteriormente traducidas al inglés en el año de su muerte (*El pianista del gueto de Varsovia*, 2000), todo un *best seller* llevado brillantemente al cine por Polanski en este film, que obtuvo tres Oscar: mejor actor (Adrien Brody en el papel de su vida), mejor director y mejor guión adaptado.

La película deja en la retina imágenes imborrables: Szpilman caminando por una calle repleta de maletas deshechas, sin poder contener el llanto; Szpilman agazapado en su silencioso escondite, siempre acompañado de su inseparable lata; una habitación con vistas al gueto en donde imagina tocar un piano mudo; su encuentro con el oficial alemán y su posterior recital al piano de cola, o esa agónica escena con las

Imágen de *El pianista* (2002, Roman Polanski), con Adrien Brody en el papel del músico judío Władisław Szpilman.

manos en alto y con un abrigo alemán puesto para protegerse del frío invernal, en una confusión que le pudo costar la vida.

El pianista ofrece una visión en primera persona que la hace íntima y veraz, acercando al espectador a aquellos días de guerra y sufrimiento. Polanski –que perdió a gran parte de su familia en el gueto y los campos– logra que la persona presente en la sala sienta la necesidad de protegerse y proteger a su vez a Spilzman. *El pianista* traslada el diario del protagonista en una especie de dictado volcado al séptimo arte, algo que consigue con su maestría en la dirección, un guión sublime y un protagonista en estado de gracia, tres elementos que se conjugan a la perfección.

Muchas de las películas que tratan sobre la invasión de Polonia o el gueto de Varsovia han querido trasladar un mensaje positivo de superación después del padecimiento, un mensaje de lucha y resurgimiento. Es el caso de algunos films con tintes nacionalistas, lógicos después de conocer los horrores por los que tuvieron que pasar tanto los pobladores del gueto como los que se opusieron a la ocupación nazi de Varsovia, en un ejercicio de supervivencia ante el exterminio. Una película que lo refleja muy bien, y con suma crudeza, es *VARSOVIA 44* (2014, Jan Komasa), que nos traslada sin contemplaciones a los momentos más duros de la batalla por el control de la ciudad en los últimos días de la ocupación alemana y primeros de la llegada de los soviéticos. Así, entre dos aguas, se encuentra la resistencia polaca, que sobrevive a duras penas.

VARSOVIA 44 tiene como hilo argumental la vida de un chico corriente de barrio, que vive con una madre atormentada por un marido que murió en la Gran Guerra y con un hermano pequeño que lo admira. El joven, atrapado entre dos amores, se unirá a la resistencia polaca para combatir a los nazis, dejando a su familia atrás. La poca preparación militar y la escasez de recursos, tanto armamentísticos

ASC

Władisław Szpilman (1911-2000) fotografiado antes de la guerra. En la página siguiente, cartel del film polaco *Varsovia 44* (Miasto 44, 2014).

ASC

como en víveres, harán de su periplo un peligroso viaje del que difícilmente saldrá bien parado.

Es una interesante película polaca, con momentos muy duros y escenas difícilmente olvidables e impactantes, entremezcladas con otras algo extrañas con un cierto halo de lirismo. Al terminar, el film aporta algunos datos estremecedores: el 1 de agosto de 1944, día de la sublevación, vivían en Varsovia 900 000 personas; 63 días después, habían muerto 200 000, y las 700 000 restantes se vieron forzadas a abandonar la ciudad. Entre las ruinas, después del levantamiento, apenas se halló a 1 000 supervivientes. Hoy en día Varsovia tiene dos millones de habitantes.

Un trabajo imprescindible del cine polaco sobre este periodo histórico es *IDA* (2013), joya cinematográfica de intachable factura, con planos sencillos y limpios rodados en blanco y negro. Una obra de arte dirigida por Pawel Pawlikowski, ganadora de un Oscar a la mejor película de habla no inglesa, que narra la peripecia de una monja de origen judío que indaga en el tormentoso pasado de la ocupación nazi; un viaje a través de sus propios fantasmas que transcurre en el año 1962 y que le deparará a Ida sorpresas y secretos, que serán finalmente desvelados por la joven religiosa.

Al final de la guerra –agosto de 1944– se dio, como ya se ha dicho, un levantamiento del pueblo polaco contra los nazis, debilitados y agobiados por la inminente llegada de los soviéticos. La encrucijada en que se vieron envueltos los polacos, atrapados entre alemanes y rusos, está muy bien reflejada en la ya comentada *VARSOVIA 44*, pero también, sin duda, en otra película polaca: *WALESA, LA ESPERANZA DE UN PUEBLO* (2013).

Tras la toma de la ciudad por los rusos y la huida de los nazis, la URSS asumió el control de Polonia e instauró un régimen comunista en el país. De nuevo, los polacos quedaban sometidos al poder de una nación invasora. El Estado pasó a llamarse República Popular de Polonia hasta 1990. El veterano y gran director polaco Andrzej Wajda narra en esta película la vida de Lech Walesa, sindicalista que luchó contra el gobierno comunista promoviendo la democracia y que, desde sus raíces cristianas, intentó visibilizar otras opciones políticas al margen de la impuesta por los rusos. Walesa llegaría a ser Premio Nobel de la Paz y presidente de Polonia, tras la caída del bloque comunista, por lo que está considerado por muchos como un icono de la libertad y la democracia.

Hay otra película que, aunque desigual, es interesante, no tanto por las interpretaciones, un tanto mediocres, como por la realidad que recrea y que pocas veces se ha reflejado en la gran pantalla. Durante la ocupación alemana, hubo ciertas potestades de las autoridades polacas que se respetaron: por ejemplo, la Oficina de Policía de Homicidios. Paradójicamente, en plena Segunda Guerra Mundial y con el país ocupado, los asesinatos cometidos por delincuentes comunes en Varsovia los resolvían las propias autoridades locales.

Bajo estas líneas y a la derecha, dos fotogramas de *Ida* (2013, Pawel Pawlikowski), ganadora del Oscar a la mejor película de habla no inglesa.

ALBUM

SHUTTERSTOCK

El film se llama *EL MERCEDES NEGRO* (2019), mismo título que empleó previamente el director, Janusz Majewski, en el libro en que se basa. Majewski narra un curioso caso dentro de la Varsovia ocupada: un prestigioso abogado llamado Holzer esconde en su casa a una joven judía a la que hace pasar por su propia esposa; la joven aparecerá muerta, con un puñal clavado por la espalda, en ausencia de su 'marido'. A partir de ahí, el comisario que se ocupa de la investigación comenzará a recopilar pruebas que harán que se vean implicados no pocos sospechosos. La trama es un tanto rocambolesca e incluso podríamos definirla como retorcida y estrafalaria, pero no está exenta de momentos curiosos y sorpresivos.

Otra película ambientada en Polonia en tiempos de guerra es *HIJOS DE UN MISMO DIOS* (2001), cuya acción se sitúa en Cracovia. Durante el otoño de 1943, un niño llamado Romek –interpretado por Haley Joel Osment, el chico que veía fantasmas en *El sexto sentido* (1999)– escapa de una muerte segura gracias a un granjero que lo ayuda. En su fuga, el pequeño conoce a un sacerdote católico (Willem Dafoe), que tratará de protegerlo ocultando su origen judío y adoctrinándolo en el catolicismo. Es un film norteamericano dirigido por el polaco Yurek Bogayevicz, un tanto tópico y sensiblero y cuyo claro mensaje es que a las personas nos unen más cosas de las que nos separan.

En este artículo sobre la ocupación de Polonia en el cine, no podemos olvidarnos de algunas películas imprescindibles que no tratan tanto de la invasión del país como de los campos de exterminio polacos: en concreto, los tristemente archiconocidos Auschwitz I y Auschwitz II-Birkenau. Así, *LA LISTA DE SCHINDLER* (1993, Steven Spielberg), *EL NIÑO CON EL PIJAMA DE RAYAS* (2008, Mark Herman), *EL HIJO DE SÁUL* (2015, László Nemes) o *LA DECISIÓN DE SOPHIE* (1982), entre otros magníficos ejemplos.

Hay películas que marcan a los propios actores, como fue el caso de este último film y su excelente protagonista, Meryl Streep, que aprendió polaco y alemán para perfeccionar su registro dramático. Streep, como es sabido, es una de las mejores y más esforzadas, casi obsesivas, intérpretes en cuanto al dominio de idiomas y matices fonéticos. Sus variadas modulaciones, sus tonos y acentos y su cuidado en la dicción no dejan de sorprender al mundo del celuloide. Su trabajo en *La decisión de Sophie* es buena muestra de ello. Interpretar a Sophie Zawistowska le valió a Meryl Streep el Oscar a a la mejor actriz.

La película es una coproducción británico-estadounidense escrita y dirigida por Alan J. Pakula –autor de títulos como *Klute* (1971) *Todos los hombres del presidente* (1976) o *El informe Pelícano* (1993), entre otros–. El film aborda la vida de Sophie Zawistowska, una polaca capturada junto a sus dos hijos por los nazis. Cuando van a ser deportados en un tren de ganado a Auschwitz, Sophie se dirige a un oficial alemán diciéndole que es católica y no judía. El oficial, acercándose a ella, le responde citando a Cristo –«Dejad que los niños se acerquen a mí»– y anunciándole que tendrá el «privilegio», por ser católica, de poder salvar a uno de sus dos hijos y elegir a cuál de ellos. Esa es la terrible decisión –«elección», en el original en inglés– a la que alude el título. Con la muerte en vida de verse obligada a tal situación, Streep somete al espectador a un durísimo ejercicio actoral, de intensidad dramática y realismo pocas veces vistos en la gran pantalla. Desgarradora y

ASC

Cartele de *Walesa*, la esperanza de un pueblo (2013)

ASC

Carteles de *El Mercedes negro* (2019)

conmovedora, la cinta supuso también el primer trabajo de otro gran actor, el siempre solvente Kevin Kline.

Y en una relación de films sobre el Holocausto no puede faltar el documental *SHOAH* (1985), tan desconcertante como necesario en las aulas de cualquier instituto. Una película sobria, directa, con entrevistas a testigos –tanto perpetradores como supervivientes– de la Polonia ocupada y de sus campos de exterminio, entre otros muchos lugares. Sin imágenes de archivo, tan solo con personas que hablan a cámara y lugares donde sucedieron los hechos pero rodados en la actualidad, es la obra cumbre del director francés Claude Lanzmann. Con más de nueve horas de metraje (566 minutos) y once años de rodaje en catorce países diferentes, *SHOAH* –que en hebreo significa «catástrofe»– es, sin duda, uno de los títulos imprescindibles del séptimo arte.

RESISTENCIA (2008, Edward Zwick), por el contrario, es una de esas películas de corte comercial que solo buscan entretener y atraer a gran número de espectadores a las salas de cine, objetivo ampliamente alcanzado con una recaudación de más de 52 millones de dólares, casi el doble de lo que costó hacerla. En ese sentido, contar una historia heroica desde el puro entretenimiento y con el atractivo añadido de Daniel Craig, que por entonces ya se había convertido en el duro James Bond, fue sin duda una apuesta segura. La historia nos traslada a la Polonia ocupada de 1941, de la que logra escapar junto a sus hermanos

Tuvia Bielski, un partisano polaco que existió realmente (y al que, por supuesto, encarna Craig). Este héroe nacional de la resistencia forma un grupo guerrillero que actuará oculto en los bosques bielorrusos. La película es bastante convencional, pero no falla respecto a su practicidad: mucha acción y poca conclusión que sacar más allá de los disparos y las escenas trepidantes.

Hay también películas que, más allá de sus méritos artísticos, son importantes porque los hechos reales que narran fueron tabú y es necesario contarlos para que no los sepulte el olvido. Es el caso de *KATYN* (2007), que expone un cruento episodio en el que miles de polacos murieron a manos del ejército soviético. Después de ser invadida Polonia, se dio la circunstancia de que al oeste se encontraban los soldados hitlerianos y al este los estalinistas. El Ejército Rojo avanzaba con decisión y, por orden expresa de Jósef Stalin, durante la primavera de 1940 fueron ejecutados más de 22 000 oficiales polacos, dejando así vía libre a los mandos soviéticos para planificar a sus anchas la invasión. Los asesinatos se produjeron a sangre fría, de un tiro en la nuca y enterrando a las víctimas en fosas comunes: una auténtica masacre. Durante muchos años, dicha atrocidad fue atribuida a los nazis, pero a partir

Meryl Streep y Kevin Kline en una escena de *La decisión de Sophie* (1982, Alan J. Pakula), basada en la novela homónima de William Styron y por la que la actriz obtuvo su –merecidísimo– segundo Oscar.

ALBUM

ASC

Katyn (2007, Andrzej Wajda) recrea la infame matanza perpetrada en 1940 por el Ejército Rojo en dichos bosques.

de la caída del comunismo, en 1990, las autoridades rusas reconocieron los hechos. La película, dirigida por Andrzej Wajda y escrita por él mismo junto a Przemyslaw Nowakowski y Władysław Pasikowski, fue un proyecto muy personal del primero, puesto que perdió a su propio padre en dicha matanza.

Actualmente, en el lugar de los hechos, los bosques de Katyn, existe un memorial muy recomendable para todo visitante que desee honrar a los fallecidos.

Una de las películas que tuvieron mayor impacto en mi persona siendo niño fue *EL TAMBOR DE HOJALATA* (1979), ganadora de la Palma de Oro del Festival de Cannes y el Oscar a la mejor película extranjera. Dirigida por Volker Schlöndorff, es una coproducción de Alemania Occidental, Francia y Polonia que narra la cruda historia del sufrimiento de un niño en tiempos del ascenso del nazismo en su Polonia natal y el desengaño que experimenta en el seno familiar, en especial con su madre. El niño se aferrará a su tambor de hojalata y emitirá unos chillidos estridentes como extraño mecanismo de defensa. Una historia cruel e hiperrealista que nos acerca a la sociedad civil polaca a través de la visión inocente y traumática de un niño llamado Oskar. El film esta basado en la novela homónima del Premio Nobel de Literatura Günter Grass, publicada en 1959; la adaptación cinematográfica fue igualmente un éxito de crítica y obtuvo diversos galardones. Oskar Matzerath, nacido en 1924 en Danzig (hoy Gdansk, Polonia), narra su vida desde un hospital psiquiátrico entre los años 1952 y 1954. La obra repasa una existencia repleta de situaciones límite y marcada asimismo por el contexto histórico del nazismo y la guerra.

Ernst Lubitsch fue un director magistral que nos legó, entre otras joyas, un clásico para la posteridad sobre la ocupación alemana de Polonia: SER O NO SER (1942), obra maestra que tiene además el mérito de haber sido rodada en plena Segunda Guerra Mundial y durante la propia ocupación. La película es a la vez un alegato antinazi y una desternillante comedia satírica que pone en evidencia, a base de ironía e inteligencia, la sinrazón y la ridiculez del movimiento nacionalsocialista de Adolf Hitler.

David Bennent en *El tambor de hojalata* (1979, V. Schlöndorff). Página siguiente, Jack Benny y Carole Lombard en Ser o no ser (1942, Ernst Lubitsch).

ALBUM

El argumento del film nos lleva hasta el profesor Siletsky, un espía polaco al servicio de la Gestapo, que elabora una lista negra de colaboradores de la resistencia que pretende entregar a las autoridades nazis. Sin embargo, Joseph Tura, un actor polaco, y su esposa María Tura, también actriz, intentarán evitarlo a toda costa. Tura se hará pasar por el sádico coronel Erhardt y por Siletsky y, con ayuda de otros actores, logrará colarse en el cuartel general de las SS.

Ser o no ser es una comedia tan eléctrica que no pierde un ápice de interés conforme pasan los años; al revés, gana enteros en lucidez y dinamismo. Lubitsch despliega una puesta en escena de manual para toda escuela de cine que se precie, con planos soberbios, elaborados y perfectamente montados para los medios de la época. La suplantación de los oficiales nazis es hilarante y conforma una obra que va de menos a más hasta un final explosivo. En definitiva, *Ser o no ser* es una película imprescindible y genial para tiempos de guerra, que hoy en día resulta imperecedera. Con guión de Edwin Justus Mayer que se apoya en una historia de Melchior Lengyel, si a ello añadimos la dirección de Lubitsch y las interpretaciones de Carole Lombard, Robert Stack, Jack Benny o Stanley Ridges, el entretenimiento y la reflexión están asegurados.

Uno de los episodios menos conocidos de la contienda que padecieron los polacos es la batalla de la península de Westerplatte. Se libró en el puerto de Danzig, en donde 200 soldados polacos fueron atacados por tierra y mar durante los primeros compases de la invasión alemana del 1 de septiembre de 1939. Fue, por tanto, una de las escaramuzas iniciales de la Segunda Guerra Mundial. La heroica resistencia de una semana fue llevada al cine en 2013 por el director polaco Pawel Chochlew en *1939: BATTLE OF WESTERPLATTE*. Esta coproducción polaco-lituana nos acerca al mito del combate a muerte por la defensa de tu propio país en desiguales condiciones respecto al enemigo.

Y, cómo no, no podía faltar el amor en tiempos de guerra. Aunque algo edulcorada y con cierto aspecto de telefilm, no deja de tener su encanto la película que Niki Caro dirigió en 2017 sobre la pareja (real) formada por Jan y Antonina Żabiński, *LA CASA DE LA ESPERANZA*. Este matrimonio dirigía el zoo de Varsovia en el momento de la ocupación, y el film cuenta su punto de vista sobre el asedio, los bombardeos y la persecución a los judíos, y el dilema moral que esta les plantea (saben que serán ejecutados si los protegen). Finalmente, su implicación llevará a los protagonistas a salvar a cientos de judíos, así como a los animales ocultos en el propio zoológico.

El guion, a cargo de Angela Workman y basado en la novela de Diane Ackerman, aunque algo ingenuo nos acerca una historia real y de interés. Los protagonistas son Jessica Chastain, Johan Heldenbergh y Daniel Brühl.

Por último, en *CIELO DE AGOSTO: 63 DÍAS DE GLORIA* (2013), el director polaco Irek Dobrowolski, con guión propio, nos habla de un diario que perteneció a un profesor que se escondió durante los primeros días del alzamiento contra la ocupación nazi. Un drama bélico breve –apenas hora y cuarto de metraje– que, sin embargo, se hace algo denso debido a un montaje un tanto farragoso, y con una factura que se acerca a la de un telefilm de sobremesa.

EXPERTOS

Mikel Navarro

Mikel Navarro Ayensa es comunicador, escritor y realizador. Crítico de cine en Cope Navarra. Ha publicado seis libros, cinco en colaboración con otros autores: *Hay otros mundos pero están en éste* (Ed.Cydonia 2013), *50 lugares mágicos para enamorados en España* (Ed. Cydonia, 2015), *Bajo el cielo mítico de Madrid* (Univ. Pontificia Comillas, 2019), *La cultura española a través del cine* (Univ. Pontificia Comillas, 2021). *The blackout* (el apagón) libro benéfico (Ed. Cydonia, 2021). En 2018 publicó en solitario *Misterios de cine* (Ediciones Oblicuas). Autor de los cortometrajes *The Blackout (el apagón)* (2019), *Duply* (2019), *La mamá del sol* (2019), *El trabajo* (2021) y *El carlista* (2021).

Manuel P. Villatoro

Manuel P. Villatoro es licenciado en Periodismo por la Universidad Complutense de Madrid y ha realizado diversos cursos en el Instituto de Historia y Cultura Militar. Es uno de los coordinadores de la sección de historia del periódico ABC, especialista en Segunda Guerra Mundial e historia militar y coautor de los libros *Lo que nunca te han contado del Día D, Historia de España sin mitos ni tópicos* e Historia de la Guerra Civil sin mitos ni tópicos. Ha participado en diversos congresos y eventos relacionados con temática histórica y colabora en revistas como *Muy Historia* e *Historia Hoy*. Obtuvo el premio APCR de Periodismo 2020 por la Asociación de la Prensa de Ciudad Real.

Javier Juárez

Javier Juárez es periodista, escritor, consultor de medios de comunicación y profesor universitario. Ha escrito siete títulos, entre ellos la primera biografía de Garbo, el agente doble más influyente de la

Segunda Guerra Mundial (*Juan Pujol, el espía que derrotó a Hitler)*, o las biografías de Gustavo Durán y África de Las Heras. Su actividad investigadora y literaria se ha enfocado en la historia del siglo XX y el espionaje.

Tomás Moreno

Arquitecto de carrera y corazón, desde hace más de veinte años desempeña puestos directivos en el sector público.

A lo largo de estas dos décadas ha ejercido responsabilidades de gestión en los ministerios de Hacienda, Fomento e Industria, Comercio y Turismo

Como experto en liderazgo, desarrollo estratégico y proyección institucional, despliega una intensa actividad profesional enriquecida con otras de carácter divulgativo y docente dentro y fuera de España.La pasión por la Historia y sus protagonistas le ha llevado a interesarse e investigar sobre numerosos episodios de nuestro pasado que hoy encauza esencialmente publicando en las páginas de *Muy Historia.*

José Luis Hernández Garvi

La trayectoria literaria del escritor José Luis Hernández Garvi (Madrid, 1966) abarca diferentes géneros en los que ha obtenido más de una treintena de galardones a nivel nacional.

Novelista, poeta y autor teatral, como divulgador histórico sus colaboraciones aparecen en varios medios de comunicación, tanto en prensa escrita como en radio y televisión.

En su faceta como ensayista, es autor de más de una docena de libros. En 2014 su ensayo *Héroes, villanos y genios. Extranjeros insignes al servicio de los Austrias* obtuvo el prestigioso Premio Algaba.

Alberto de Frutos

Alberto de Frutos Dávalos es periodista. Durante quince años fue redactor jefe de la revista *Historia de España y el Mundo.* Entre sus libros, destacan *Breve historia de la literatura española, Historia a pie de calle, La Segunda República española en 50 lugares* y *30 paisajes de la Guerra Civil.*

Israel Viana

Israel Viana Silva es licenciado en Historia por la Universidad Complutense de Madrid y trabajó como arqueólogo durante ocho años en multitud de yacimientos del Paleolítico hasta la Guerra Civil. En 2007, su temprana inclinación hacia el periodismo le llevó a cursar el Máster de ABC y fue contratado por este diario para poner en marcha la sección de Historia y la hemeroteca digital, desde donde ha participado en varios libros y especiales. Pasó después por las secciones de cine y música, para volver finalmente a su primera vocación. Es especialista en historia contemporánea española y mundial y es colaborador habitual de otras publicaciones como el diario *El Salto.*

Jesús Calleja

Leonés, licenciado en Derecho, escritor y viajero. Durante 14 años formó parte del equipo del mítico programa La Rosa de los Vientos de Juan Antonio Cebrián (en Onda Cero Radio). Fundador del Museo de la España Mágica, ubicado en Toledo. Colaborador de revistas especializadas y programas de televisión como *Cuarto Milenio* (en la Cuatro), *El punto sobre la Historia* (Telemadrid) o en el canal de la UNED en TVE-2 sobre *Sabidurías Orientales.* También he participado en el asesoramiento de la serie *Criaturas Legendarias* (Canal Historia) estrenada en febrero de 2020. He escrito unos 25 libros sobre enigmas históricos, leyendas y tradiciones, entre ellos *La España extraña* (junto con Javier Sierra), *Secretos medievales, Territorios talismán* o *Grandes misterios de la arqueología.* Director del podcast *La Escóbula de la Brújula* (Podium Podcast) que ya lleva diez temporadas con más de cuatrocientos episodios. Por otra parte, cada semana me encargo de la sección El Cronovisor, de SER Historia (en la cadena SER) y colaboro en el podcast *Mindfacts* sobre ciencia y tecnología.

Luna G. Alijarcio

Luna González Alijarcio (1992) es graduada en Historia por la Universidad Complutense de Madrid. Especialista en transmitir conocimientos históricos y artísticos a todos los públicos, ha trabajado como educadora en distintos museos y es guía de Madrid.

Actualmente desarrolla proyectos culturales, así como de divulgación histórica en publicaciones y plataformas como YouTube.

Pere Cardona

Pere Cardona (Barcelona 29 mayo 1968) Escritor y divulgador histórico especializado en temática de Segunda Guerra Mundial y espionaje. Fundador del portal www.historiassegundaguerramundial.com, pertenece a diversos colectivos como el Club LeCarré, una asociación de escritores interesados en temática de servicios secretos y Lee o Muere, dedicada a la promoción del género negro. Colaborador habitual en medios de comunicación, es autor de diversos títulos entre los que destaca *Lo que nunca te han contado del Día D*, escrito junto al periodista Manuel P. Villatoro.

Francisco Uría

Francisco Uría es Abogado del Estado excedente y doctor en derecho. Ha desempeñado altos cargos en la Administración General del Estado y en la Asociación Española de Banca. Actualmente es el socio responsable Global de Banca en una firma consultora internacional. Francisco es autor de numerosas publicaciones en el ámbito del derecho y la regulación bancaria y y también ha publicado una novela *La pequeña Librería de Stefan Zweig*. Por último, es el autor de la obra teatral *Varsovia 1939*, recientemente estrenada en Madrid. Aficionado a la historia, la preparación de la obra teatral de referencia le obligó a estudiar en profundidad todo lo relacionado con la invasion alemana de Polonia en 1939.

Federico Romero

Licenciado en Historia por la UNED, bibliotecario de profesión, autor de la novela *No lleves flores a mi tumba* y co-escritor de la novela *Ab urbe condita. La Roma de la gens Valeria.* Administrador de la plataforma de divulgación histórica *Historia y Roma antigua* (HRA) con más de 320.000 seguidores en redes. Administrador de Divulgadores de la Historia y redactor Española, Ayuntamiento de Madrid, Ayuntamiento de El Ejido, es colaborador de Discovery Channel, La 2 de RTVE, National Geographic Channel, BBC, Canal 7 Castilla y León, El Toro TV, Radio Inter y la COPE, además de Academia Play, Clío Historia, Muy Historia, etc. Nombrado Amigo de la Infantería de Marina, es miembro de las Asociaciones: Antiqua Clío, Divulgadores de Historia, Bona Dea, Día de la Romanidad y Mos Religiosus. Es conferenciante habitual den la Universidad Complutense de Alcalá de Henares, el CEU, Ateneo Escurialense, varios colegios y ayuntamientos, etc. Recientemente ha publicado los libros *Somos Romanos, Estamos Locos estos romanos, Romanos de Aquí y Mitomorfosis,* en los que compara de manera amena y entretenida nuestra civilización moderna con la antigua Roma, reivindicando nuestra Historia Antigua.

Paco Alvarez

Madrileño de 1965; investigador, geógrafo e historiador, además de publicista, presentador de TV y padre de familia. Ha trabajado en quince países de dos continentes en Comunicación para compañías como Airbus, Banco Santander, Benetton, Cartier, Chivas Regal, Colgate, Peugeot, Philips, Repsol, Telefónica, Vuitton, etc. En distintos proyectos culturales ha colaborado con Milos Forman, Kerry Kennedy, Yvonne Blake, etc., también con instituciones como la Armada redacción de revistas y colaborado en distintos medios de comunicación. Es autor de varios libros, entre ellos La Orden Negra. *El ejército pagano del Tercer Reich* (2011), *Los Magos de la Guerra* (2014), *Espías de Hitler* (2016) y *Expedientes Secretos de la Segunda Guerra Mundial* (2018). Actualmente trabaja realizando artículos, edición de textos y en producción de televisión.

Óscar Herradón

Óscar Herradón es periodista y escritor. Durante 19 años ha trabajado en fijo de la revista DHistórica, cofundador de Día de la Romanidad. Es un conocido colaborador, podcaster, guionista y articulista de algunas de las más prestigiosas páginas web y medios de divulgación (Academia Play, Arraona romana, Bellumartis, Casa del recreador, Un buen día para viajar de la Radio Pública de Asturias, Lignvm, ABC Historia, El Confidencial, Muy Historia, El Trastero de la Historia, etc).

Este libro se acabó de imprimir en el mes de febrero de 2022
en QP Quality Print Gestion y Produccion Grafica, S.L.
Molins de Rei (Barcelona)